Marbella Centell

SALIR

VOLANDO

UN RELATO DE VIDA

Autora del libro
SALIR VOLANDO
UN RELATO DE VIDA

Marbella Centell, escritora mexicana. Nació en Acapulco, Gro., se trasladó a la Ciudad de México para hacer sus estudios universitarios. Desde pequeña fue orientada al área comercial y de relaciones públicas por su madre Marbella Vergara y por su abuela paterna Maria Córdova.

Contadora Pública de Profesión con Maestría en Finanzas, su inicio fue en instituciones bancarias, recorriendo desde cajas hasta nivel de dirección. Marbella es una mujer emprendedora innata y perseverante; destacando en las áreas de comercio, relaciones públicas, mercadotecnia y eventos corporativos. Por su lado creativo, tomó cursos de diseño en CENTRO, llevándola a incursionar como diseñadora creando una línea de joyería en Plata que lleva su apellido. Es fundadora de la empresa tus eventos producciones siendo actualmente la directora de esta.

Su lado filantrópico es inagotable, es voluntaria de varias asociaciones civiles dentro de las cuales podemos mencionar; a la Asociación de Ingenieros de Minas, Metalurgistas y Geólogos de Mexico, A.C., donde ha ocupado el puesto de presidenta del Comité de Damas del Distrito México, así como; responsable del programa de becas para estudiantes de las licenciaturas de Ciencias de la tierra del IPN y UNAM.

En 1997 apareció el Huaracan Paulina en las costas mexicanas del pacifico; Marbella sufrió junto con su familia la mayor tragedia de sus vidas; en cuestión de dos horas el fenómeno meteorológico arrasó con once de sus familiares directos: sus padres, hermanas y sobrinos. Dotada de un carisma especial y proveniente de una casta de mujeres donde la resiliencia forma parte de sus genes; así como su pasión por vivir y ser mejor persona cada día, la llevan a asistir a diferentes cursos de desarrollo humano, los cuales la invitan a reflexionar sobre su vida, aceptando ser sobreviviente de un huracán y recientemente haber superado un cáncer de útero en fase inicial, le otorgan la fuerza y la motivan para compartir a través de un libro como se levantó y se reconstruyó de las grandes pérdidas que ha tenido; qué en conjunto con otras vivencias fueron un parteaguas para llegar a su integración como persona al día de hoy.

Este libro para la escritora es más que una catarsis; es una manera de ayudar a otras personas a superar las adversidades que se presenten en su camino para que puedan encontrar su misión y continuar con sus vidas.

Empresaria, Madre, Esposa, Hija, Hermana, Amiga y una Mujer filántropa, apasionada de la familia, la música, del baile y de vivir plenamente cada día; es lo que la conforma como ser humano y escritora.

Salir volando

Marbella Centell Vergara

Diseño de portada: Mariana Daniela García Cárdenas

Colaboración especial para Ilustración de Portada:
Ana Valeria Robles Centell

Edición y coedición gráfica: Ángela Cortés, Aziyadé Uriarte
Comunicación Global Deisgn.

Registro Público del Derecho a Autor CDMX-05112019

ISBN-9781705974773

DEDICATORIA

A mi hija:
Mitzi Lorena, por que sus palabras "salir
volando"sirvieron para comenzar a reconstruirme.

A mi hija:
Ana Valeria, quien era una bebé, y tuve que alimentar
con mucho dolor en mi alma; ella con sus grandes ojos
cafés fue el segundo motor que no me dejó morir
cuando sentía que no podía más.

A mi esposo:
Andrés, por sostenerme y no dejarme caer. Gracias por
tu apoyo y amor siempre.

A mi hermano:
José, porque juntos recorrimos el difícil camino de
reconstruirnos y aun hoy en día, seguimos de la mano.

A mis hermanos:
Alfredo y Gloria, porque la vida nos acercó más.

A mi cuñada:
Dora, por sostener y cuidar siempre a mi hermano, José.

A mi sobrina Andrea y especialmente a Mayra quien
siendo una jovencita y yo sin saberlo, les toco
recorrer de la mano de Ruth su mama, esas calles
destrozadas de Acapulco buscando a sus abuelos, tías
y primos. Gracias Mayra pore star conmigo siempre.
Tu presencia es un alivio a mi vida.

A todas las mujeres de mi familia que me precedieron, quienes me heredaron su fortaleza y su ejemplo de vida, el cual me ayudo para continuar mi camino.

A todos los sobrevivientes de Paulina, a las personas que perdieron un familiar y principalmente a aquellos que, como yo, no encontramos sus cuerpos.

En recuerdo y como un pequeño
homenaje a mi querida familia:

Alfredo Centell Córdova
Marbella Vergara de Centell
Adriana Centell Vergara
Selene Centell Vergara
Celina Centell Vergara
Gabriela Marroquín Centell
José Antonio Solano Centell
Miguel Ángel Solano Centell
Luis Alberto Lobato Centell
Diego Alfredo Lobato Centell
Daniela Meza Centell

ACOTACIÓN

Estimado lector: Dentro del texto encontrará párrafos destacados con letra cursiva y párrafos en letras sobresalientes o de mayor tamaño, esos textos relatan sucesos, conversaciones y enseñanzas que han marcado mi vida y mi corazón; deseo que para usted también sean una enseñanza que influya para superar momentos difíciles antes de querer Salir volando.

AGRADECIMIENTOS

A mi hijo, Andrés, quien con su alegría de vivir ilumina mi vida.

A mi familia por su paciencia y apoyo siempre.

A mi tío, Jacob, que contribuyó a este sueño.

A mi amiga y hermana de vida, Rosy Cervantes, por impulsarme a escribir. Sin ella este libro no sería posible.

A mi amiga, artista plástica y escritora, Andrea Camarelli, por escribirme el prólogo.

A mis amigos, amigas y hermanas de vida, que me animaron con sus palabras a escribir mi historia.

A Carlos Carrera mi mentor, por hacerme saber que si podia y debía escribir éste libro.

Amis sobrinos Alfredo, Esaú, Alex, Fernanda y Pamela quienes llegaron después del huracán; dueron y siguen siendo un motor en la vida de cada uno de nosotros los sobrevivientes de Paulina.

ÍNDICE

PRÓLOGO

Como todas las historias de mujeres, esta no es una sola historia, son muchas.

Como todo relato de nuestro linaje materno está lleno de dichos populares, consejos, sabiduría, peregrinaciones a la catedral y red de amigas.

La brisa inicial de este relato autobiográfico se transforma literalmente en unos de los huracanes más poderosos que arrancó a nuestro paraíso guerrerense, de la faz de la tierra. Es en ese momento, en eso segundos hacia el infierno, donde se nos permite perder la fe en Dios, porque la fuerza del huracán arrasa con todo lo que tiene vida.

Pero dentro de todas las historias, de este valiente relato que nos regala Marbella hay una muy particular, que une y aglutina, que amarra y sobrevive; las enseñanzas de la madre, la de la escritora, la misma madre de todos nosotros.

Las historias orales que ella ha construido son nuestras sofisticadas brújulas para transitar nuestras vidas de esa sabiduría maternal, nos queda: el bien y el mal, lo justo y la injusticia, lo que está arriba o lo que está abajo. La construcción de nuestro universo, que ningún fenómeno natural podría desaparecer. Es el hilo conductor de todo este relato, con el que se hila toda la historia que están a punto de leer. Es el mismo hilo, con que esa madre enlazaba a toda su enorme familia, es el mismo hilo que le deja a su hija para coser sus 11 heridas.

Cada palabra que construye esta trama está llena de dulzura, de espejo, de ironía, de límites y de vigilia. La fuerza detrás de cada miembro de esta familia está propulsada por la sabiduría de la madre, estando aquí o estando allá. Por eso ella le envía a la hija (desde el allá), una testigo, una sobreviviente, para calmar su angustia, su rabia y la desesperación de no saber qué pasó. La madre le envía a una vecina y habla a través de su voz, le cuenta lo sucedido para que esté tranquila.

Ella es un pulpo resguardándolo todo y no pidiendo nada. Por eso ella se queda, para que no la busquen, escoltada, perfectamente bien equilibrada, por dos de los suyos, los suyos de ella. El resto, los demás, danzan alrededor del padre, sobre caballitos de mar, rodeándolo, cuestionándolo, molestándolo y entreteniéndolo en lo más tibio del océano, del tan mal llamado Pacífico.

Y Marbella escribe, con tinta de calamar, y les da voz a los suyos; como tributo, como cordura, como alquimia, para aquéllos que están todos juntos organizando

un nuevo club de la orquídea, donde ya no hay sonido,
donde todo es vida.

Andrea Camarelli Papatryphonos
Artista plástica y Escritora
Ciudad de México, 2019

INTRODUCCIÓN

Provengo de una familia donde la palabra resiliencia forma parte de nuestros genes; de una casta de mujeres que ante las adversidades se reconstruyeron una y otra vez para continuar fluyendo con la vida; me crie en una familia que ha pasado por muchas situaciones difíciles, las cuales nos enseñaron que seguir viviendo con opti- mismo era la mejor aventura que podíamos tener.

Han pasado ya muchos años de la mayor tragedia que marcó mi vida, y digo la mayor, porque antes hubo otras que me fueron preparando para afrontarla.

Para muchas personas tal vez el nombre de Paulina sea un nombre bonito, para otras, simplemente un nombre, para mí es uno que cambió mi vida al igual que la de mis hermanos y la de mucha gente en Aca- pulco. El nombre de un huracán tan terrible que llenó de muerte y llanto el bello puerto que me vio nacer.

Miles de acapulqueños fueron sorprendidos en la madrugada por este huracán que arrasó con todo lo que encontraba a su paso, árboles y casas fueron arrancados desde las raíces y cimientos; rocas gigantescas que fueron desprendidas de las montañas; coches arrastrados por la corriente y que flotaban sobre el agua como si no pesaran nada. Este terrible huracán se llevó a cientos de mis paisanos y también a mi querida familia.

Este suceso no solo cambió mi vida, también me llenó de rencor, de rabia, de desesperación y mucho dolor. Me dejó tan indefensa que solo quería salir volando porque no sabía cómo seguir caminando.

Muchas veces pensamos y creemos que las situaciones difíciles que pasan por nuestras vidas son eternas y que nunca lograremos salir de ellas, o son tan fuertes emocionalmente que no estamos preparados para vivirlas, que las pérdidas —llámese muerte, divorcio, separación laboral o cualquiera otra que nos cause dolor— son tan grandes que nos derrumban y nos dejan inhabilitados en todos sentidos para continuar adelante.

Y es en esos momentos que nos preguntamos: ¿Por qué a mí? ¿Por qué me pasa esto? ¿Por qué la vida es tan injusta conmigo? ¿Cómo puedo seguir adelante si no tengo fuerzas? ¿Dios, por qué te los llevaste? ¿Cómo reconstruir mi fe en ti, si te llevaste lo más preciado que tenía? ¿Cómo creer en ti, si tú me abandonaste? ¿Cómo ver el lado positivo de la vida si me quitó lo mejor que yo tenía? ¿Por qué la vida no me preparó para vivir esto? ¿Cómo le voy a hacer para reconstruirme y seguir adelante?

Estas preguntas muchas veces no tienen las respuestas de la manera en que las queremos, por lo menos no como un manual que diga: haz esto o haz aquello o sencillamente ¡sigue las instrucciones!

Es muy difícil ver en esos momentos que ante una adversidad debemos recorrer un camino para recons- truirnos y es mucho más fuerte aceptar que debemos continuar nuestra vida;

entonces pensamos ¿qué debo hacer y cómo lo debo hacer si no tengo las fuerzas para eso? O decimos: ¿cómo volver a empezar si esto es más fuerte que yo? ¿Como levantarme cada día si siento desfallecer? Porque creemos que nada tiene sentido, que todo se ha ido de repente y nos hemos quedado indefensos.

Nadie tiene una respuesta certera a esto, porque cada uno somos diferentes y reaccionamos de manera distinta ante las situaciones adversas, lo que yo les digo aquí: busquen en el fondo de su corazón y de su alma, muchas veces ahí está la respuesta.

Al reflexionar se darán cuenta de que la vida o el universo sí nos prepara para cada adversidad que debemos afrontar y que también nos da las respuestas a todas esa preguntas que nos hacemos en nuestros periodos de duelos, y cuando creemos que ya no podemos más las respuestas las tenemos frente a nosotros de la manera que menos pensamos y esperamos; que debemos dejar actuar al tiempo, que es tan sabio que va colocando las cosas en su lugar, no antes, no después, sino en su justo momento.

Que las adversidades en nuestras vidas son para que nos demos cuenta de que podemos levantarnos y reconstruirnos de una manera diferente ante cada una de ellas y esto es porque cada adversidad es totalmente distinta y sencillamente porque las circunstancias en que ocurren también lo son.

Sea mi relato un testimonio para ustedes y una manera de honrar la memoria de quienes ya no están conmigo, para que a partir de mis experiencias –y así como yo lo hice– ustedes puedan ayudarse a levan- tar de una tragedia, reconstruyéndose una y otra vez para surgir con más bríos ante la vida, y que no deseen salir volando cuando sientan que ya nada tiene sentido para continuar su camino.

Por último, quiero decirles que nunca debemos olvidar que las adversidades que llegan a nuestra vidas son regalos sin moño; que se nos presentan como una oportunidad para darnos cuenta que estamos llenos de valor para enfrentarlas.

Sé que este tipo de regalos no los queremos recibir; sim- plemente no, nos gustan, porque lastima, y mucho transi- tar por el dolor; pero si no lo hacemos entonces no sabre- mos cómo reconstruirnos. Lo más importante que nos dejan es darnos cuenta de que podemos y debemos ser feliz a pesar de todos los pesares que surjan en nuestras vidas, porque estar aquí y ahora, poder disfru- tar momentos con las personas que amamos, que están cerca de nosotros y con aquellas que nos rodean, son un corto periodo de tiempo que conservaremos por siempre en nuestros corazones.

No debemos olvidar que la felicidad es una convicción no una meta; que al morir solo dejaremos en la vida de cada persona que nos conoció, el amor que les dimos, los momentos compartidos juntos, al igual que el recuerdo y el ejemplo de cómo nos levantamos y reconstruimos de cada situación adversa que se nos presentó.

CAPÍTULO 1
¡DÍAS DE SOL!

Nada en la vida te pasa
por casualidad,
nada te pasa sin que sepas
como resolverlo;
la vida misma te prepara
para enfrentar
las adversidades.

Marbella Centell

De mi infancia tengo muchos recuerdos y en este libro narraré mi etapa de niñez y juventud en la parte agra- dable, omitiendo episodios personales y familiares muy fuertes que pasamos por esos años, los que también con- tribuyeron a fortalecerme; y no los toco con el fin de no desviarnos con temas que no trataré por el momento.

Nací en el Puerto de Acapulco. Soy la segunda hija de un segundo matrimonio de mi padre y provengo de una familia numerosa. Mi papá, Alfredo Centell Córdova. Mi madre, Marbella Vergara Ortiz. Mis hermanos: Adriana, Alfredo, José Alejandro, Selene, Celina, Esaú y, yo, Marbella.

Crecí en una colonia
de las más grandes
del puerto, como digo
siempre, mi casa estaba
ubicada en una de lasß
montañas que conforma
la bahía de Acapulco.

La casa familiar estaba construida en una sola planta, en un terreno con pendiente hacia abajo; donde la parte más alta era el nivel de la entrada de la calle, el frente de la casa era amplio, en ese nivel había un patio y un estacionamiento. Bajábamos escaleras para llegar a la entrada principal de la casa, ahí era la parte más baja del terreno. Atrás había un patio que colindaba a unos cuantos metros, y separado por un muro muy alto, con el cauce, de lo que nosotros decíamos, arroyo. Mucho tiempo después me enteraría que es el río del Camarón.

El agua por algunos años corría de manera continua. Recuerdo que iba a nadar junto con mis hermanos, y en varias ocasiones sacamos camarones del río. Cuando llovía el cauce subía, pero nunca para inundar el patio trasero de la casa. Después de un tiempo el arroyo se secó y solo cuando llovía llevaba agua, es lo que se le denomina río de temporal.

Mis hermanos y yo crecimos en un ambiente de costa, muy alegre y de reuniones familiares constantes en la casa de mis padres, mis abuelas, María, Alicia; y mis tíos, los hermanos de mi madre –ella fue la única mujer–, iban de visita los domingos a comer con nosotros, para mí era normal convivir muy frecuentemente con ellos y con mis primos; esto era lo que nos constituía como familia.

Los fines de semana que no estábamos en casa era porque mi papá nos llevaba con él y su equipo a sus interminables torneos de básquetbol en las diferentes poblaciones del Estado de Guerrero; este deporte fue la gran pasión de mi padre, y gracias a esto viajé por casi todo el Estado.

Mi madre, mujer sabia por naturaleza, al darse cuenta de que su mayor enemigo era el básquetbol y que mi padre se iba con su equipo muchos fines de semana sin nosotros, decidió que lo acompañaríamos a sus torneos, así la familia tendría más tiempo de convivir y, por consecuencia, pasear.

Mis hermanos y yo éramos muy unidos, traviesos, juguetones y muy bromistas a tal grado que los veranos que mamá Mari –así le decíamos cariñosamente a mi abuela paterna– estaba con nosotros sufría mucho con nuestras travesuras.

La casa siempre estaba llena de gritos y carcajadas no importaba la hora que fuera, éramos tan ruidosos que nuestras risas se oían hasta la calle y los vecinos comentaban que muchas veces al oírnos se preguntaban ¿de qué tanto se ríen?

Creo no he dicho que mi padre era contador público y fundó uno de los despachos contables más renombrados en Acapulco y mi mamá, quien era auxiliar contable de profesión, trabajaba con él.

Por la profesión de mi padre, había meses completos que, de lunes a viernes lo veíamos en contadas ocasiones; a veces solo por las mañanas porque la exigencia de su trabajo era muy alta y además todos los días, sin excepción, él se levantaba a las 5:30 am para ir a entrenar con su equipo de básquetbol.

La rigidez y la disciplina con la que mi padre llevaba
su vida nos la inculcó: "¿quieres triunfar? Debes esfor-
zarte al máximo, no hay tiempo para después, la vida
termina pronto".

Y esto mismo me decía mamá Mari todos los sábados a
las 6 am que nos levantaba para ir con papá a entrenar.

Levántate, ya es muy tarde para estar en la cama Y yo

contestaba: Abuelita tengo mucho sueño
déjame dormir.

Y ella decía: Mi hijita ya dormirás mucho cuando te
mueras, ahora debes aprovechar el día. Se daba la
vuelta salía de la recámara y así era como terminaba
ella su conversación conmigo porque no había más
excusas que darle.

Mi madre, todo lo contrario a mi padre, no hacía
ejercicio pero ella se ocupaba de prepararse para
educar a siete hijos. Yo siempre me he preguntado
de dónde sacaba la energía para trabajar en un área
altamente exigente que le absorbía mucho tiempo y
todavía atender hijos, casa, esposo, mamá, hermanos, suegra, ahijados, y ser fundadora de un club de
amigas que ella amorosamente le puso "Club Orquídeas", que se reunían una vez a la semana por la
tarde a conversar de todo un poco y dentro de ese
tiempo a planear como mantener ocupados a los
niños durante las vacaciones escolares de verano e
invierno.

Ella siempre tenía tiempo para todo y para todos, cada persona que se acercaba a mi madre pidiendo apoyo emocional, consejo o ayuda económica, ella se las daba, cada una de ellas salía con una sonrisa o con un semblante tranquilo o en las manos eso que habían ido a pedirle; mi madre era simplemente el pilar de toda la familia y un gran ser humano que poseía un enorme corazón que no le cabía en el pecho.

Mis hermanos siempre fueron mis mejores amigos. De mi etapa preadolescente guardo en mi memoria, siempre en familia, las lunadas en la playa en las noches de verano de las vacaciones escolares; de las fiestas del día del niño y de las posadas que mi madre y sus amigas nos organizaban; y como ya he dicho, mi mamá siempre tenía tiempo para todo, disponía junto con un vecino, Andrés, el 10 de diciembre de cada año, la tradicional peregrinación a la catedral del centro de Acapulco de las calles Zimapán, El Chico y Pachuca. Todos estos festejos marcaron mi vida y fue una de las más fuertes enseñanzas de mi madre: La familia siempre es el motor que mueve nuestras vidas..

Disfrutar cada momento juntos nos permitía acércanos y estar unidos.

Nuestros vecinos siempre nos preguntaban ¿Qué, no hay peleas entre ustedes? ¿Todo es felicidad y nada de discusiones? Claro que había, y muchas, pero mi mamá nunca permitía que pasaran 24 horas sin que acláraramos la situación, sin que ofreciéramos disculpas o que no nos habláramos.

La vida es muy corta para perderla con enojos sin sentido y almacenando rencor en nuestras almas. Ella nos decía: La conciencia siempre debe estar tranquila y más cuando se trata de la familia, y terminaba con esta frase: Hoy estamos, más tarde no lo sabemos y estoy segura de que no querrás quedarte con ese cargo de conciencia por no aceptar que cometiste un error y no pedir disculpas por eso.

Como ya he dicho, mi madre era una mujer muy sabia y un ser de luz. Ella tenía una misión en su vida: guiar y enseñar a otras personas, incluyendo a nosotros, sus hijos, a ser mejores personas y sobre todo a vivir y caminar ligeros en la vida y sin sentimientos de culpa. Recuerdo que ella decía: No hay peor castigo para una persona que su propia conciencia.

Yo fui una niña en palabras de mi madre: Muy noble, sensible y de un gran corazón. Y me distinguía por ser la más madura de todos mis hermanos, por lo tanto, la seriedad me caracterizaba.

Yo, al igual que muchas jovencitas tenía muchos sueños y metas que cumplir, quería llegar muy lejos y si quería lograrlo debía poner mucho trabajo en eso, y la responsabilidad fue uno de los valores que mi madre me enseñó a temprana edad, ella nunca permitió que faltáramos a la escuela o no hiciéramos la tarea, debíamos ser, ante todo, responsables con nosotros mismos porque eso nos llevaría hasta donde quisiéramos llegar.

Al ser la más madura, más seria, más flaca, más morena, más estudiosa, más bajita y más responsable de todos; simplemente la diferente de la familia, ocasionaba que mis hermanos me jugaran bromas muy pesadas, sobre todo mis tres hermanas y mi hermano Alfredo, a tal grado que yo lloraba por todo, mi mamá decía cuando me veía así: Te ves muy fea llorando, las mujeres sensibles como tú lloran hasta sacar todo el dolor y después te levantas y sigues adelante, las lágrimas y el dolor no deben detenerte. Y agregaba, no permitas que las burlas detengan tus sueños y tus metas.

Yo creí que en esa época había llorado lo suficiente, no imaginaba lo que la vida me tenía deparado.

Empezamos a crecer y mi mamá, a quien le gustaba mucho leer, principalmente historia universal

de ella aprendí el amor a la lectura y la música

además a cantar y bailar; nos daba clases de baile los sábados por la mañana, era mi tiempo favorito, nos formaba a todos y empezaban las clases de: cumbia, son, chachachá y, de su ritmo favorito, el mambo.

Los domingos eran de misa a las 8 am y de ahí partíamos rumbo al mercado a visitar a mi abuelo paterno Jacob, él tenía un local de jugos y licuados y por varios años nos esperaba con mis tías, las hermanas de mi mamá, con un jugo de naranja recién hecho y ellos nos cuidaban mientras mi mamá hacia las compras. Al finalizar nos íbamos a casa a preparar la comida para recibir a la familia que iba de visita a comer, así que me enseñó a cocinar porque eso también viene de herencia; mis abuelas tenían amor por la cocina; mamá Mari era repostera y mamá Licha era cocinera; hacia un mole verde como ningún otro.

Recuerdo a mi mamá que al llegar casa del mercado se paraba frente al tocadiscos ponía su disco favorito y mientras cocinaba, ella cantaba y bailaba, lo mismo que hago yo hoy en día, porque así la comida se prepara con amor, el ingrediente especial que le da mucho sabor.

En ese tiempo mi tío Jacob, hermano de mi mamá, y a quien mis padres educaron como su hijo, vivía en la Ciudad de México porque estudiaba la universidad.
Él llegaba los días festivos, que eran puente, con sus amigas y en la casa eran noches de fiesta porque se ponían a bailar y nosotros también.

Pero no todo era baile y canto, mamá también nos educaba y le gustaba hacerlo con dichos populares que ahora entiendo utilizaba como metáforas para darnos lecciones de vida.

Recuerdo que si nos oía hablando mal de una persona nos decía: Mira, el comal hablando de tiznadas, o, el comal le dijo a la olla.

Si enfatizábamos un defecto de alguno de nosotros, decía: Límpiate el hilito de sangre que te corre por la boca. Si veía que éramos indiferentes ante una situación nos decía: Estás viendo el temblor y no te hincas. Si hacíamos comentarios desagradables de alguien en misa, nos callaba con esto: A Dios rezando y con el mazo dando. Acto seguido nos explicaba qué significaba lo que nos estaba transmitiendo.

Siempre nos decía: Antes de actuar debes pensar en la consecuencia de eso, si es bueno hazlo y si no, asume el resultado.

Nunca hagas a los demás lo que no te gustaría que te hicieran.

La humildad te engrandece como persona.

Siempre sé agradecido en la vida con todos y por todo.

Da siempre lo mejor de ti a cada persona que se acerque a tu vida.

Nunca olvides tus orígenes, tus raíces, porque eso es lo que te constituye como persona.

Cuando des algo, dalo sin esperar nada a cambio, ni siquiera las gracias.

Y si das algo con la mano derecha, que no lo sepa la izquierda.

Ni tanto que queme al santo ni tanto que no le alumbre.

No tienes que demostrarle al mundo quién eres, porque con el tiempo se dan cuenta de quién realmente eres.

Y su mejor frase: Nunca te quedes con cargos de conciencia porque es algo muy difícil de llevar.

Yo, sin saberlo, me estaba preparando para la siguiente etapa de mi vida, ella comenzó a forjar en mí entereza, una gran fortaleza de espíritu, a aprender a controlar mis emociones y a ser paciente para lograr lo que me propusiera en la vida.

Mi madre, desde jovencitas nos enseñó que la vida se enfrenta estando bonitas, así que constantemente nos decía: —Levántense, báñense y póngase bonitas que la vida las agarre arregladas siempre, porque ante las adversidades, si estás arreglada y bonita todo se ve más fácil de solucionar.

Había algo más que me hizo diferente a mis herma- nos. Empecé a trabajar desde pequeña, creo es por herencia y porque mis dos abuelas se encargaron de involucrarme en sus actividades. Mamá Mary me llevaba con ella desde los 4 años a vender su pan recién hecho en casa; a los 8 años inicié mi primer negocio y mi socia fue precisamente mamá Mary, y a los 12

Cuando mi hermana, Adriana, tenía 17 años y yo 14, mi mamá nos puso un negocio de jugos y licuados en el centro de Acapulco. Fue una época donde mi hermana y yo estuvimos muy cerca y, a pesar que era muy estricta conmigo, más que mi mamá, nos llevábamos bien; ella era mi jefa, ponía las reglas en el negocio y si quería salir con ella y sus amigos, debía obedecerla, porque era la mayor, me llevaba tres años, y sabía cómo convencer a mamá para que me diera permiso de salir con ellos.

Mi querida hermana me llevaba a la playa, a las discos, al cine, a las reuniones con sus amigos hasta que entre a la universidad. Ella confiaba mucho en mi porque yo era la responsable; en el concepto de mis tres herma- nas, era la chica buena que esperaba a su príncipe azul, además sabía guardar secretos, era su confidente.

Muchas veces creemos que
las situaciones difíciles son
interminables; en realidad varias
de ellas duran muy poco tiempo
y cuando llegan a su fin decimos:
si hubiese sabido que duraba muy
poco, no hubiera sufrido tanto y
habría utilizado la mitad de mi
energía que gasté en ella.

Marbella Centell

Hermanos Centell Vergara
De pie: José, Alfredo y Esaú† Sentadas: Adriana†,
Selene†, Celina† y Marbella

CAPÍTULO 2
CIUDAD DE MÉXICO. ENFRENTANDO LAS PRIMERAS PÉRDIDAS

A los 15 años, al terminar la secundaria me enfrenté a mi padre porque quería estudiar la preparatoria y después la universidad, pero él no creía que fuera buena idea que las mujeres estudiáramos una carrera, era un gasto innecesario. Mi papá pensaba que al final de la universidad nos casaríamos y terminaríamos en casa con nuestros hijos, cosa que no entendía por qué él pensaba así, si mi mamá trabajó desde muy pequeña y no se quedó en casa.

Yo no quería estudiar en Acapulco en una preparatoria pública porque había muchas huelgas y pocos meses de clases y le solicité a mi papá que me pagara una escuela particular y su no fue rotundo, entonces le dije: Si debo estudiar en una escuela donde no hay clases por meses, entonces me voy a México para tener mejores oportunidades de ingresar a la universidad. Y contra su voluntad y con el apoyo de mi madre me trasladé a la Ciudad de México para estudiar.

Me instaló en casa de mis tíos lejanos, Lilia y Miguel, yo los conocía desde pequeña y aunque fueron amables en recibirme, tenerme con ellos por varios años y muchas veces defenderme de sus nietos, sencilla- mente, no era mi ambiente.

Para mí fue muy duro separarme de todo lo conocido: mi familia, mis amigos, mis vecinos, mi cama, mi cuarto y las comodidades que en Acapulco tenía.

Sentía mucho coraje contra mi madre porque fue ella quien me trajo a la Ciudad; fue ella quien me dejó en casa de mis tíos, en un espacio que no era mío, tris- teza porque no tenía un lugar fijo donde dormir, mi ropa todo el tiempo estaba en la maleta porque no había un closet donde colocarla o colgarla, pero sobre todo sentía que invadía un lugar en la casa de mis tíos.

El coraje y la rabia daba paso muchas veces al dolor, al llanto; yo no sabía cómo manejar esas emociones, me frustraba mucho, mi mamá se encargó de eso, siguió fortaleciendo mi carácter y mi espíritu.

Yo iba a Acapulco cada ocho días y las vacaciones escolares durante la preparatoria; el primer año no había domingo o día final de vacaciones en que no regresara a la Ciudad de México llorando, y mi madre con mucha calma me decía: Termina tu preparatoria y te regresas a la casa, ya te falta poco.

En los meses siguientes que llegué a vivir a la Ciudad de México sufrí burlas de mis compañeros por mi acento costeño, por mi color de piel y por ser de provincia. En casa de mis tíos, los nietos mayores no me aceptaban porque consideraban que les robaba su espacio en casa de abuelita, que yo no debía estar ahí y me lo hacían sentir con muestras de desagrado.

Durante ese difícil primer año, muchas veces quise salir volando; regresar a casa para no sentirme sola, no tenía amigos, no tenía con quién salir o distraerme. En la escuela no era bien aceptada, todo lo que vivía y sentía se lo contaba a mi mamá, ella solo decía: No hagas caso. Tú agradece la oportunidad que tienes de estar allí. Termina tu prepa y te vas a Acapulco. Yo sé que tú puedes afrontar esto, vas a salir adelante, es solo un proceso. Dale tiempo al tiempo.

Y yo le decía: Mamá de verdad me hacen muchas groserías y me dicen cosas feas, ¡ya no quiero estar aquí! Además, mis compañeros también se burlan de mí por mi acento costeño.

Ella me contestaba: Dale tiempo al tiempo y las cosas se van a acomodar. Cuando realmente te conozcan y se den cuenta de la persona que eres, van a cambiar contigo. Ya te dije, termina tu prepa y te regresas a casa.

Yo no entendía por qué mi mamá me contestaba así, yo pensaba, es más fácil decirme: Hija haz tu maleta y vámonos. Al final, eso era lo que yo buscaba, pero no, nunca lo dijo y yo no podía contradecirla; en esos momentos no me daba cuenta que lo que mi madre hacía era fortalecerme cada vez que podía y me animaba a seguir adelante, nunca dejó que me rindiera.

Lo único que me alentaba era lo que mi mamá me había prometido; terminando la prepa nos vamos a casa.

Ese año me enseñó a valorar y apreciar todo lo que yo había dejado atrás y, además, mi mamá tenía razón, el tiempo puso las cosas en su lugar, solo había que darle tiempo al tiempo.

El manual del guerrero de la luz (fragmento)
Paulo Coelho

El luchador experto aguanta insultos; conoce la fuerza de sus puños, la habilidad de sus golpes. Ante su oponente desprevenido, le basta mirar al fondo de sus ojos para vencerlo sin necesidad de llevar la lucha a un plano físico.

A medida que el guerrero aprende con su maestro espiritual, la luz de la fe también brilla en sus ojos, y no precisa probar nada a nadie.

No importan los argumentos agresivos del adversario, diciendo que Dios es una superstición, que los milagros son trucos, que creer en los Ángeles es huir de la realidad.

Como buen luchador, el guerrero de la luz conoce su inmensa fuerza, pero jamás lucha con quien no merece el honor de su combate.

CAPÍTULO 3
LA VIDA FLUYE

Después de mi etapa de adaptación en casa de mis tíos, las cosas fluyeron mucho mejor, aun-
que no dejaron de molestarme ni hacerme sentir mal los niños, ni mis compañeros en la escuela; pero yo seguía firme y en mi mente estaban las palabras de mi madre: "Tienes que luchar y trabajar por tu sueño y por tu meta, no puedes detenerte porque te miren feo o porque digan algo de ti, esto es la vida, y debes aprender a sobrellevarla".

Los días festivos que no eran puente y yo me que-daba en México, mi tío Miguel nos organizaba, a sus hijas, mis tías Lety y Malena y a mí, noche de baile y bohemia, eso me hacía sentir mejor, porque si hay algo que disfruto mucho es bailar y cantar; eso ayudaba a aliviar un poco mi corazón por no poder estar en Acapulco. También ayudó que mis compañeros empezaron a aceptarme, tenía cinco o seis amigos y con ellos comencé a conocer la Ciudad de México, visitábamos museos para hacer tareas. En realidad lo que más me gustaba y disfrutaba mucho eran mis clases de teatro y jazz que tomaba por las tardes, porque yo, como toda jovencita quería ser modelo y soñaba con verme en las pasarelas dentro y fuera de México; por un tiempo trabaje en el modelaje profesional.

El tiempo pasó.

En el último año de la preparatoria, como cada fin de semana, llegué a casa y me encontré con la noticia de que mamá Mari estaba enferma; que casi no comía. Ella fue en mi vida la segunda mujer que me enseñó a trabajar y a luchar por lo que más quería en la vida y yo para ella en sus palabras su nieta más querida. Estoy segura que así nos decía a cada una de sus ocho nietas. Ese fin de semana le dije: Abuelita no puedes irte. Acuérdate que me prometiste cuidar a mis hijos cuando los tuviera y ella me contestó: "Sí. Lo prometí y lo cumpliré". Sin embargo, el domingo por la noche antes de salir a tomar el autobús para irme a la Ciudad de México, mamá Mari se puso muy mal. Yo la encontré en mi cama, acostada delirando, y preocupada y angustiada llamé a mi mama. Esa noche fue la última vez que vi con vida a mi amada abuelita. Yo partí rumbo a la terminal de autobuses y mi querida abuelita rumbo al hospital.

Todos los días preguntaba por ella; me decían va mejorando. El siguiente fin de semana regresé para celebrar en familia el 10 de mayo y el cumpleaños de mi papá; mama Mari se puso muy mal y falleció el 12 de mayo, el mismo día del cumpleaños de mi papá.

Este fue el primer golpe de una muerte cercana en la familia. Yo no encontraba consuelo porque ella fue un pilar importante en mi vida; fue mi primera socia en el negocio que inicie a los 8 años de edad y ella me ayudaba a preparar todo lo que vendía. Ella creía en mí y me enseñó lo importante que era atender bien a los clientes. Para mí fue y es, mi segunda fuente de inspiración para continuar en la vida. Conocí su historia, esa que a ella no le gustaba contar y no por vergüenza, sino simplemente porque había cosas más importantes que hacer: al quedar sola, salía cada tarde de su pueblo a las poblaciones cercanas a vender su pan que horneaba en casa para sacar a sus dos hijos adelante; ella pudo levantarse de las adversidades y nunca la oí quejarse de lo que le tocó vivir. Mis mejores recuerdos de ella era verla en casa de mis papás haciendo su pan, pasteles, dulces cristalizados y su dulce de coco; lo que preparaba lo ponía en una canasta que se colocaba en la cabeza y salía por las tardes conmigo, siempre de la mano, a entregarlo porque ya lo había vendido. Al llegar a casa se sentaba frente a el televisor y lo prendía para oír alguna telenovela mientras bordaba, porque eso la relajaba después de un día de trabajo.

Era mi abuelita una mujer de gran corazón y una luz en mi camino. Mi padre sufrió mucho cuando ella murió, fue un periodo muy duro para mi mamá, porque derivado de su tristeza a los seis meses a papá lo operaron de la columna y dejó de trabajar por dos años; así que mi mamá tuvo que hacerse cargo del despacho, de la casa, de los hijos y de mi papá.

Nuevamente la resiliencia en las mujeres de mi familia salía a flote como un salvavidas para continuar adelante a pesar de las adversidades.

Terminé la preparatoria e ingresé a la universidad.

Mi papá se recuperó después de esos dos años muy difíciles para la familia; se reintegró al trabajo, mas no al 100% a practicar su deporte favorito: el básquetbol, sin embargo, él encontró la manera de mantenerse activo y vigente, y es, hasta el día de hoy, muy querido y recordado en Acapulco por todo lo que dio y aporto a ese deporte en todo el Estado de Guerrero.

Yo continúe por un año más mis estudios de teatro y jazz, pero a los 19 años ya era tiempo de tomar una decisión importante en mi vida; mi carrera universi- taria o la de modelo; pensaba que podía combinarlas, pero no fue así, finalmente me decidí por la univer- sidad porque el mundo de las modelos y lo que eso implicaba no me agrado.

Lo bonito de ese tiempo, en el que trabajé como modelo, fue que tuve la oportunidad de darme cuenta de lo que realmente quería para mi vida: una carrera universitaria.

En el segundo año de la carrera entré a trabajar de manera formal. Comencé a espaciar mis visitas a Aca- pulco; ya iba una vez al mes, las convivencias con mis papás, hermanos y tíos eran lo que más disfrutaba cuando estaba en casa.

Mi mamá era muy cercana a nosotros y era

nuestra confidente. Recuerdo que cuando quería contarle algún secreto que una de mis hermanas me había confiado, le decía: mamá no le vayas a decir nada, por favor, y ella contestaba: ¡Claro que no diré nada, soy una tumba!

Pasado el tiempo, cuando mi hermana se enteraba que mama ya sabía de la situación, se enojaba conmigo y yo le decía:

Mamá, te dije que no le comentaras nada y ya, ves fuiste a decirle. Y ella, que tenía respuesta para todo, contestaba: Mi pecho no es bodega. Y eso nos hacía reír mucho porque ella, así jocosamente, encontraba la manera de aligerar las situaciones.

Dos años después de que inicié mi carrera, mi hermano, José a quien amorosamente llamamos desde pequeño Pepe vino a estudiar la universidad; mi papá nos compró un departamento, vivimos juntos por casi cinco años.

Pepe y yo siempre fuimos muy unidos desde pequeños. Yo lo seguía siempre en sus interminables travesuras. Algo que caracterizaba a mi hermano, así que eso me hacía a mí también ser muy traviesa. Pero si alguno de mis hijos o amigos me preguntan, yo contesto: —Yo era una niña muy tranquila, que no hacía travesuras y me portaba bien. Lo que era cierto, siempre y cuando no se me ocurriera seguir a Pepe a trepar el árbol de mangos de la casa, a subir a una enorme roca para brincar al río o alguna otra idea que él tuviera.

Todos esos años universitarios mi madre, siempre, como nuestro pilar y sostén emocional, nos guiaba con sus sabios consejos.

Durante ese periodo conocí a Andrés, mi esposo, después de terminar mi carrera y obtener mi título, me casé. Mi hermano Pepe terminó su carrera y había regresado a Acapulco con su título. Mis hermanas, Adriana y las gemelas, Selene y Celina, se casaron antes que yo. Las dos primeras, Adriana y Selene, tenían un hijo cada una, los dos de la misma edad, con siete meses de diferencia entre ellos.

Mis hermanos, José y Esaú, eran los únicos solteros y aún vivían con mis papás, al igual que mi sobrina Gabriela, a quien mi mamá recibió a los dos años, cuando mi hermana Gloria se la llevó —mi papá era divorciado cuando se casó con mi mamá y Gloria era hija de ese primer matrimonio.

Un año después de que me casé terminé mi maestría y unos meses después nació Mitzi Lorena

mi primera hija y yo, cada vez que podía y el trabajo lo permitía, iba a Acapulco con ella, quería que conviviera con sus abuelos y sus primos, para que disfrutara de los domingos familiares y las fiestas de fin de año, que como siempre seguían siendo muy festivas y ruidosas.

Esaú se quedó en Acapulco a estudiar la universidad, y jugaba básquetbol como pasatiempo.

Mi padre seguía trabajando arduamente y activo en su deporte favorito. Por esos años era entrenador del equipo de básquetbol de la zona militar, con este seguía recorriendo varias ciudades de la República en torneos.

Mi madre se seguía reuniendo con sus amigas del club Orquídeas, ya no trabajaba en el despacho con mi papá, disfrutaba más de los nietos y de sus actividades personales.

Parecía que todo iba bien, no sabíamos que más ade- lante enfrentaríamos la segunda pérdida importante en nuestras vidas y la que hasta el día de hoy es la enseñanza más grande que mis padres me darían.

*Señor, yo sé que no quieres verme
sufrir, sin embargo, cómo hiere mi
corazón su partida.*

*Así lo dispusiste, ayúdame a
reafirmar mi fe, dame el consuelo
y la esperanza de saber que el día
de la resurrección lo pondrás en
mis brazos.*

Marbella Vergara de Centell

A nueve días del fallecimiento
de mi hijo Esaú.

Noviembre 14, 1995.

CAPÍTULO 4
AÑOS DE CRECIMIENTO Y APRENDIZAJE. SEGUNDA PÉRDIDA

El año 1995 comenzó muy tranquilo y con varios viajes inesperados.

En febrero, de manera inesperada, mi hermana Selene, embarazada de su segundo hijo tuvo complicaciones con su embarazo y su bebé nació a las 30 semanas de gesta- ción, Diego, que así le puso mi mamá porque ella decía que su nombre significaba "el que cruzó las aguas", fue un verdadero milagro. Logró sobrevivir a dos paros respiratorios y uno con un pulmón colapsado. Pasado ese tiempo difícil para Selene y mis papas finalmente les entregaron a mi sobrino; estuvo en el hospital internado dos meses.

Después de eso, mis papás con mi hermano Esaú vinieron a jugar a la Ciudad de México a un torneo de básquetbol, y los días que estuvieron aquí los pasamos juntos. Un par de meses después, Andrés, mi esposo, mi hija y yo fuimos a Chilpancingo a ver jugar a Esaú, él era una promesa de ese deporte en el Estado de Guerrero.

En agosto fui a Acapulco para pasar los cumpleaños de mis tres hermanas, estuvimos toda la familia completa.

Como siempre, nuestras reuniones duraban hasta altas horas de la madrugada y las carcajadas y recuerdos de nuestra infancia no faltaban. Esos fueron los últimos días en que convivimos los siete hermanos.

El 4 de noviembre, muy temprano sonó el teléfono de mi casa. Andrés contestó y mudo me pasó la bocina. Era mi madre, quien con voz quebrada me dijo: Tienes que venir a Acapulco, Esaú falleció.

La noticia me dejó helada y solo atiné a decir: ¿Cómo fue?, ¿qué paso? No pude contener mi llanto. Y mi mamá muy tranquila me dijo: Fue un accidente automovilístico en la madrugada; acá te cuento el resto. Por favor, ven con cuidado, aquí te espero.

Aturdida y con llanto hice maletas, tomé a mi hija y nos fuimos con Andrés a Acapulco.

Al llegar a la funeraria busqué a mis padres y cuando vi a mi papá, me acerqué llorando a él, me abrazó y muy tranquilo me dijo: Tu mama no debe verte llorar, no llores, tu hermano está bien ahora y yo estoy bien.

Vi a mi madre con un semblante de infinita tristeza, mucho dolor y al mismo tiempo con mucha entereza. Recibía las condolencias y muestras de afecto de la gente. Hablaba tranquila de mi hermano, su hijo, el más pequeño, el que la hacía reír mucho, se había ido de manera inesperada.

Me acerqué y la abracé muy fuerte, mis lágrimas corrían sin poder contenerlas y ella, tranquilamente, me abrazaba y contenía; con mucha paz me dijo: Tu hermano está ahora en un lugar mejor, no llores.

En determinado momento me contó cómo había sido el accidente. Había salido con sus amigos la noche anterior, su novia tuvo fiesta en su casa, mi hermano estaba cansado porque jugó ese día su último torneo de básquetbol. Se salió de la fiesta y se fue a dormir al coche que mi mama le había prestado. Le pidió a su major amigo que manejara para llevarlos a casa de regreso. Al volver en la madrugada iba con exceso de velocidad y la falta de pericia para manejar lo hizo perder el control y se estrelló de lado contra un poste y mi hermano, que iba acostado, recibió el golpe en las costillas, estas le cortaron la vena aorta. Falleció dos horas después. Esaú no se enteró lo que había pasado. Él estaba dormido en el momento del accidente. Tenía tan solo 21 años.

En esos días de dolor y tristeza de mi madre me convertí en su pilar. Pedí permiso en mi trabajo y me quedé con mis padres dos semanas para apoyarlos, sobre todo a mi mamá, ya que ella debía hacer frente a los trámites legales del accidente. Fue ahí cuando conocí realmente a mis papás; principalmente a mi madre, porque sus palabras tomaron forma de acción de una manera que no había duda que ella era un ser muy bondadoso, de mucha fe, con una gran fortaleza de espíritu y que era congruente con su decir y su actuar.

El mismo día del accidente, el muchacho que iba manejando quedó detenido por homicidio imprudencial y solo podía ser liberado si mis padres otorgaban el perdón, de otra manera iría a la cárcel. Mi papá le dijo a mi mamá: "Gorda", tú toma la decisión, yo te apoyo. Y así, mi madre estuvo días pensando qué hacer y mientras eso pasaba hablaba mucho conmigo y decía: No puedo echarle a perder la vida a un joven que apenas está empezando, no creo que tu hermano quisiera esto; él era su mejor amigo.

El último día que el ministerio público le daba para tomar la decisión llegó.

Mi madre se levantó, se puso bonita *así como ella era.*

Me pidió que la acompañará, en el trayecto iba callada, yo no interrumpía sus pensamientos. Al llegar nos sentamos frente al ministerio público y él le entregó a mi mamá el expediente de la investigación del accidente. Ella no lo quiso tomar, así que lo hice yo, lo abrí y leí el contenido.

El abogado le preguntó qué decisión había tomado. Ella muy tranquila le dijo: Vengo a otorgar el perdón al muchacho, no voy a levantar cargo contra él.

El abogado sorprendido le contestó: ¿Señora está segura? Piénselo bien porque él fue responsable del accidente.

Y mi madre respondió: Sí. Estoy segura de otorgar el perdón y se lo doy con todo mi corazón.

El abogado añadió: Señora, por lo menos pida que le paguen el coche, es lo menos que puede pedirles después de lo que hizo el muchacho.

Y mi mamá lo miro a los ojos y muy firme le dijo: No, no voy a levantar cargos porque, aunque el muchacho vaya a la cárcel o me pague el coche, nada de eso le va a devolver la vida a mi hijo.

Firmó los papeles y salimos de ahí. Ya afuera, mi madre con mucha tranquilidad, me dijo: Hace un año y medio, cuando su mamá falleció, vino con una depresión muy fuerte, yo lo tuve en casa muchas veces y es buen muchacho; no puedo destruir más su vida.
Él llevará ese día en su conciencia hasta que muera, y eso es una carga muy pesada.

Y todos esos días que me quedé con ella en Acapulco fueron de mucho aprendizaje, en ese momento era al revés, yo me convertí en el pilar donde mi madre se apoyaba y sostenía, en una de esas noches de largas conversaciones le pregunté: ¿Mamá, por qué me dejaste ir a estudiar a México, sola y tan jovencita?

Y ella me contestó: Porque yo sabía que tú podías con eso, y porque de todas mis hijas, tú eres la más parecida a mí, tú sacaste mi carácter y mi espíritu, y solo me faltaba fortalecerlos.

Ante esta confesión no atiné qué decir y me quedé callada, inmersa en mis pensamientos.

Esa Navidad y Año Nuevo fueron muy tristes, aunque mis papás trataron de pasarlas bien, no había alegría en sus ojos. Fueron, sin duda, para toda la familia las fiestas más difíciles y en especial para ellos, porque nos hacía falta el más pequeño de nosotros. Él que con su alegría iluminaba con una sonrisa la cara de mi madre.

En los siguientes meses traté de ir más seguido a Acapulco y mis visitas eran de largas conversaciones con mis hermanas, con mi mamá y mi papá para ver cómo estaban tras la muerte de Esaú. En una de esas visitas mi mamá nuevamente me dio otra gran enseñanza. Se casaba mi tía, una de las hermanas de mi mamá, y nos invitaron a la boda. Mi mamá dijo: Nosotros vamos solo a la misa, pero mis hermanas y yo queríamos ir a la fiesta y no sabíamos cómo decirle a mi mamá, ella nos escuchó y dijo: Si ustedes quieren ir a la fiesta, ¡vayan! Si quieren bailar, ¡bailen!, si quieren cantar, ¡canten! y si quieren disfrutar, ¡disfruten! Eso no quiere decir que ustedes no quisieran a su her- mano o que lo querían poco, lo que quiere decir es que la vida continúa, no se para y ustedes deben con- tinuar con ella.

Y así lo hicimos, fuimos a la fiesta y bailamos en memoria de mi hermano, que en vida le gustaba mucho cantar y bailar.

Durante ese tiempo mis padres nos dieron otro ejemplo de fortaleza. Mi padre continuó con su trabajo y sus entrenamientos de básquetbol y se llevaba a todos lados a mi sobrino, Diego, su nieto más pequeño y el más travieso de todos, de hecho, él fue el motor que les ayudó a sobrellevar su pérdida.

Mi madre, por su parte, todos los días se levantaba y se ponía muy bonita, porque eso fue algo que siempre la caracterizó y a mí me lo enseño desde pequeña, ella decía: Siempre levántate y ponte bonita, sal y dale tu mejor cara a la gente, que ellos no sepan lo que estás viviendo, sonríele a la vida y sigue adelante porque la vida continúa.

Y así, con la mejor actitud, la vi convivir con otras personas y siempre las recibía con una sonrisa o les daba una palabra de aliento cuando la gente llegaba a pedirle ayuda para algo, aun cuando su corazón lloraba. Ella decía: A las personas las llevamos en el corazón y mientras estén ahí nunca se van a ir. Y así fue, mi mamá llevó siempre a mi hermano en su corazón hasta el día en que murió.

Tiempo después, el muchacho que iba manejando el coche cuando mi hermano murió, se acercó a ella para pedirle perdón y mi madre aceptó verlo, solo un par de meses antes de morir logró hablar con él, eso ayudó a que el muchacho liberara su conciencia; mi madre quedó tranquila porque ella sabía que era buen muchacho, que había sido un accidente, pero le fue muy difícil aceptar lo que ella decía: es muy duro que los padres sobrevivan a un hijo y más cuando es joven.

Para el siguiente año, en agosto de 1996, y aun en pleno duelo, cuando todavía mis papás estaban asimilando la pérdida de mi hermano, tuvimos que enfrentar otra. A Celina, una de mis hermanas gemelas, se le murió dentro de su vientre el bebé que esperaba. Al doctor se le pasó la fecha, esto ocasionó que Celina tuviera un parto muy difícil y su vida se vio en peligro; al momento de nacer el bebé, tuvo una hemorragia que no podían contener y su primer paro cardiaco, tuvieron que reanimarla en dos ocasiones, mis padres en el hospital oraban por ella, porque si algo tenían mis padres era mucha fe en Dios y en la virgen de Guadalupe.

Al final, después de varias horas de angustia, Celina superó el problema. Al día siguiente mis papás y mis hermanos sepultaron al bebé, a quien mi hermana le puso Emmanuel, mientras ella, en el hospital, lloraba su pérdida sin encontrar consuelo.

Al regresar del sepelio mi mamá encontró a mi hermana llorando, la abrazo y le dijo: Estoy segura de que Dios te va a dar la oportunidad de tener otro hijo. Ella asentía, pero nada aliviaba su dolor, y quién mejor que mi madre sabía por lo que su hija pasaba en esos momentos.

Fue muy difícil para mis padres ir por Celina al hospital y acompañarla en el proceso de haber llegado con un bebé en el vientre y salir con las manos vacías. No les fue fácil que durante el primer año de su duelo perdieron a un nieto y casi otra hija se les muere.

Y a pesar de todo esto mis padres nunca perdieron la fe y la alegría de vivir, y cada día se levantaban y enfrentaban la vida, así tal cual ellos nos decían que nosotros debíamos hacerlo, porque había nietos que querían estar con ellos y no los dejaban caer.

Esau "Randhy" Centell Vergara
Septiembre 1995

¿Qué paso esa madrugada?

*Nunca lograremos saberlo, solo
entendemos que de pronto todo en
nuestras vidas ha cambiado
Se fue ya para siempre,
dejándonos desolados.
La angustia oprimió nuestras almas,
y también cegó nuestros sentidos,
Ya solo mirábamos al cielo pidiendo
fuera mentira, pues de pronto nos hemos
quedado con el corazón herido.*

Marbella Vergara de Centell

*1er. Aniversario del fallecimiento de mi hijo Esaú
"Randhu" Centell Vergara*

Noviembre 1996

CAPÍTULO 5
HURACÁN PAULINA.
LA GRAN TRAGEDIA

Año 1997. Y después de haber pasado la segunda Navidad y Año nuevo sin mi hermano, Esaú, y con mi hermana Celina aún triste, yo di la noticia de que estaba embarazada, dos meses después y con diferencia de una semana, Adriana y Celina estaban al igual que yo, embarazadas; esto fue un motivo de alegría para mis papás, les dio ánimo para seguir adelante.

Durante mi embarazo no pude ir seguido a Acapulco como antes, con mi hija de tres años y con el trabajo no podía viajar tanto, pero hablábamos de tres a cuatro veces a la semana con mi mamá y mis hermanas.

A insistencia de ellas fui en mayo para celebrar el cumpleaños de mi papá y el día de las madres. Nos reunimos en casa de mi hermano, Alfredo, para festejarlo, aun cuando mi papá no tenía muchos ánimos lo convencimos que era buena idea.

Los días siguientes las reuniones fueron en casa de mis padres y por primera vez en casi dos años nos reímos y convivimos como solíamos hacerlo antaño, con largas conversaciones y muchas carcajadas.

Durante esa semana disfruté cada momento compartido con mis hermanas y mis papás, había muchos recuerdos y anécdotas que contar. Cada uno tenía una versión distinta de la misma historia y al recordarlas reíamos ruidosamente y de nuevo los vecinos preguntaban: ¿De qué tanto se ríen? Pero ellos ya sabían de que nos reíamos. Además, en esos días, ni mis veci- nos ni yo podíamos imaginar que sería la última vez que estaríamos todos juntos.

Cercana la fecha al nacimiento de mi hija, Ana Valeria, mi mamá, mi hermana Selene, sus hijos Luis Alberto y Diego, mi hermano Alfredo, Ruth su ex esposa, sus hijas Mayra y Andrea llegaron a mi casa para festejar el cumpleaños de mi hija Lorena; pasado el fin de semana ellos partieron a Acapulco. Selene y mis sobrinos fueron los últimos que vi unas semanas antes de morir.

Mi mamá se quedó para cuidarme después del parto. Estuvo tres semanas con nosotros y cuando nació mi hija mi mamá me dijo: Ven conmigo a Acapulco, allá te cuido junto con tus hermanas. Porque si algo disfrutaba ella era tener a sus hijos todos juntos.

Yo le contesté: Mamá no puedo, Lore ya va al kínder y además va a ser muy pesado para ti.

Unos días antes de que mi mamá regresara a Acapulco para festejar su cumpleaños y estar con mis hermanas en sus partos, llegó mi papá de manera sorpresiva a la Ciudad. Tenía unas horas libres y quiso ir a conocer a su nieta.

Andrés, mi esposo, fue por él y cuando entró a mi casa cargó amorosamente en sus brazos a mi hija.

Estuvo solo un par de horas. Ese día fue la última vez que yo vi a mi papá y esa es la imagen que guardo de él en mi mente y corazón.

Mi mamá se quedó tres días más y al partir sentí que mi corazón se iba con ella y me haría mucha falta. Esas tres semanas fue el tiempo más largo que mi madre nos dedicó a mis hijas y a mí.

En ese tiempo ella me pidió disculpas por haberme dejado ir tan jovencita de la casa, me dijo algo que nunca olvidaré: Así como tú llorabas cada ocho días cuando te iba a dejar al autobús todo ese primer año que te fuiste, asimismo cuando no me veías yo lloraba; pero no podía decirte que te quedaras conmigo porque yo sabía que tú podías llegar muy lejos y también sabía desde el momento en que te fuiste de la casa que nunca más regresarías a vivir a Aca- pulco, y agregó tuve que aprender a soltarte para que tú volaras.

Sus palabras me sorprendieron porque no las esperaba. Nunca imaginé que ella también había llorado tanto como yo lo hice cuando me fui de casa.

Tres días después partió a Acapulco para pasar su último cumpleaños y preparar la casa para recibir a sus nietos.

Mis sobrinos nacieron unos días después con dos días de diferencia entre ellos y como mi mamá había dicho, se las llevó a su casa para cuidarlas.

En casa de mis padres vivían mi sobrina, Gabriela, a quien mi madre cuidó desde pequeña; Selene, que estaba separada de su esposo hacía casi un año con sus dos hijos, Luis Alberto de seis años y Diego, de dos; mi hermano, José, quien era el único soltero en ese tiempo; mis hermanas que estaban en recuperación de sus partos, Adriana estaba ahí con sus hijos José Antonio, de seis años y Miguel Ángel, su bebé de 12 días de edad y mi hermana Celina, con Daniela, su bebé, de 14 días de edad.

Yo hablaba mucho con mi mamá para saber cómo estaban mis hermanas y los niños; ella me seguía diciendo ojalá hubieses venido conmigo, aquí estarías con tus hermanas.

Recuerdo la última conversación telefónica con ella, el 7 de octubre, en esa ocasión me platicó que José, mi hermano,

Un día antes de salir de viaje a Cuba, había discutido fuertemente con mi papá,, que estaba muy enojado con él, a tal grado que cuando ya se iba por la noche no quería despedirse de mi papá y cómo ella lo obligó a hacerlo, me contó que muy firme le dijo: José de esta casa no sales si no te despides de tu padre. Y así fue como José fue al cuarto y solo dijo: Papá, ya me voy. Mi papá quien estaba acostado se sentó en la cama y le respon- dió: Que te vaya bien hijo, Dios te bendiga.

Mi madre me contó que ella le había escrito una carta a mi hermano, la había puesto en su maleta para que cuando estuviera tranquilo la leyera. En ella le decía que no fuera tan duro con mi papá, que mi padre ya estaba grande y que no le duraría muchos años más, que lo disculpara si algo mal, como padre, le había hecho o dicho, que comprendiera que como papá tenía fallas pero que no dudara nunca de que lo amaba.

Y terminó diciendo: No quise que se fuera de viaje sin

despedirse de tu papá porque nunca sabes lo que pueda pasar, nunca sabes si habrá un mañana y no quería que se quedara con eso en su conciencia.

Fue la última vez que mi hermano habló con ellos.

La mañana del 9 de octubre estaba yo, como siempre, preparando a Lorena para ir al colegio cuando, Andrés, mi esposo, entró al cuarto y me dijo: Marbe tienes que hablar a casa de tus papás, en las noticias están pasando imágenes muy feas de los destrozos que hizo la lluvia en Acapulco. Tomé el teléfono y llamé, nadie contestó, no me preocupé porque pensé que las líneas se habían afectado por el agua como tantas veces había ocurrido en el pasado, mi corazón no presintió nada. Llamé varias en el lapso de dos horas y nadie contestaba, pasado ese tiempo le llamé a un vecino cercano y me confirmó que las líneas estaban afecta- das, que tratarían de ir a buscarlos y que llamara más tarde, nunca me dijo que las calles por donde vivían mis papás estaban en muy malas condiciones.

Entonces hablé a casa de mi hermano Alfredo y contestó su esposa y le pregunté si sabía algo de mis papás y me dijo que no; le pedí fuera a buscarlos porque todo se veía muy feo, y me aseguró que en cuanto supiera algo me llamaría.

Yo seguía viendo noticias, que no eran muy alentadoras. Pedían apoyo de víveres y en mi mente solo estaba la idea de que mi familia necesitaba agua, leche, pañales y comida, así que salí al súper a comprarlos, porque al día siguiente me iría a Acapulco a dejarles todo lo que les había comprado.

A las 2 de la tarde me llamó Ruth, la ex esposa de Alfredo y me dijo que le había costado mucho trabajo llegar a la casa de mis papás, que las calles estaban bloqueadas por rocas muy grandes y en ciertas zonas de la costera el pavimento levantado; el agua había causado muchos destrozos.

Me contó que, al llegar, la casa estaba cerrada que no había nadie, que los muebles estaban volteados, que la casa estaba llena de lodo y que la puerta del frente estaba cerrada con candado y la de atrás abierta de par en par, la barda que daba al arroyo estaba derrumbada.

Que ya les había preguntado a los vecinos y varios de ellos dijeron que los vieron salir, que ya los habían buscado en casas de amigos cercanos y que no estaban ahí, que el primero en llegar fue Antonio, el esposo de mi hermana Adriana, y al poco rato llegó mi abuelo materno, Jacob, también preguntando por ellos; que seguirían buscando y me hablaba.

Yo comencé a preocuparme, pero seguía sin presentir nada. Cerca de las 3 de la tarde le hablé a Ricardo, el esposo de mi hermana Celina, para preguntarle si sabía algo y me dijo: No. No he podido salir de la casa, pero yo creo todo está bien. Le comenté: No, no están en la casa. Los vieron salir y nadie sabe nada de ellos. Él solo dijo: Salgo a buscarlos.

Decidí llamar en ese momento a mi tío Jacob, el hermano de mi mamá, y a quien mis papás habían educado como un hijo. Él vive en Nueva York y tuve que darle la noticia. Había llovido muy fuerte en Acapulco y la familia estaba desaparecida.

Cerca de las 6 de la tarde recibí una llamada que, por primera vez me cimbró y me puso en la realidad de lo que estaba pasando, mi tía Reyna (la esposa de mi tío Francisco, hermano de mi papá) me dijo: Marbella ya los buscamos por todos lados y no están, ya preguntamos en casa de los amigos que viven cerca y en los hospitales y nadie sabe nada de ellos, el único lugar que falta es donde están llevando los cuerpos.

En ese momento recuerdo que dije con voz alta y muy firme: No, ahí no pueden estar. Por favor, sigan buscado en otros sitios, estoy segura de que están en otro lado.

Mi tía, al oír mi dolor me contestó: Debes ser fuerte para lo que venga. Y colgó.

Yo trataba de mantenerme ocupada con las niñas, pero mi mente no dejaba de dar vueltas pensando y orando porque ellos estuvieran bien, durante ese tiempo mi tío Jacob no dejó de llamarme para saber si tenía noticias y yo le contestaba: No. Todavía nada.

Por esa hora Andrés llegó a casa de trabajar y tomó control del teléfono porque me vio tan agitada y agobiada esperando noticias y las niñas, sobre todo la beba requería de mí y no podía darle atención por estar contestando el teléfono.

A las 8 de la noche sonó el teléfono y Andrés contestó. Yo estaba en el cuarto de la bebé, la dejé en su cuna y caminé lentamente hacia el cuarto donde estaba Andrés contestando el teléfono, al llegar a la puerta vi su cara; pálida y enmudecido.

En ese momento supe que alguien había fallecido y a mi mente llegó la imagen de mi padre, las piernas se me doblaron y caí sentada en el suelo. Hasta ahí se acercó Andrés, se sentó frente a mí, me tomó de las manos y me dijo: Encontraron los cuerpos de tu mamá, de Selene mi hermana y de José Antonio, mi sobrino mayor, el hijo de mi hermana Adriana.

Y en ese momento sentí que el aire se me iba y después añadió: Marbe debes ser fuerte. Fallecieron todos.

Recuerdo que grité y sentí que en ese grito salió mi alma completa. Yo solo quería salir corriendo a la calle y que el viento se llevara las palabras de Andrés y con eso también todo el dolor que sentía; solo que- ría Salir volando.

Me levanté y bajé las escaleras corriendo. Necesitaba tomar aire. Necesitaba correr para mitigar mi dolor. Mi mente no alcanzaba a comprender qué estaba pasando. Andrés, junto con Chelo, una amiga y vecina, me detuvieron; pensaban que podría hacerme daño y debían protegerme.

Con los gritos que di los vecinos empezaron a llegar, ya todos sabían que Acapulco estaba desecho, pero ninguno se imaginó que mi familia hubiese fallecido, todos estaban impactados.

Un poco más calmada y con mucha firmeza dije:

Andrés, por favor, comunícame con mi tío Jacob, debo darle la noticia.

Al contestar mi tío mi voz se quebró y le di la terrible noticia. Los dos rompimos en llanto, pero las cosas no terminaban ahí, debía buscar a mi hermano José, en Cuba para decirle que debía regresar para ir juntos a Acapulco.

Esa noche fue larga y no pude llorar porque el doctor me dio un tranquilizante y yo solo pensaba: ¿Cómo se lo voy a decir a mi hermano? ¿Cómo es que pasó todo? ¿Dónde estaban? ¿Por qué no lograron salir? ¿Por qué quisieron salir por el patio trasero? Y otras preguntas que se agolpaban en mi cabeza y no me dejaban dormir. Al mismo tiempo oraba a Dios y le pedía que los demás estuvieran en algún hospital o que alguien hubiese recogido con vida alguno de ellos y estuviera en su casa en calidad de desconocido. Así, tal cual pasa en novelas o películas.

Estuve en contacto con Alfredo que me dijo que las autoridades estaban haciendo todo lo posible por agilizar la entrega de los cuerpos de los fallecidos; los de mis familiares los habían entregado cerca de la media noche en la funeraria del mejor amigo de mi padre, el señor Reynaldo Manzanares, quien, como un acto de amor y amistad a mis padres, no cobró el servicio.

Por fin amaneció y no tuve respuestas. Llevé a Lore a la escuela y me dediqué a conseguir el teléfono del hotel donde mi hermano y su amigo estaban hospedados en Cuba. Cuando lo tuve me armé de valor, llamé y pregunté por él. Le explique la situación a la recepcionista, ella muda solo me comunicó al cuarto. Cuando contestó mi hermano, le dije: José, debes regresar a México, hay un vuelo que sale en tres horas, es importante que estés aquí. Preguntó: ¿Por qué debo irme?

Le conté: Llovió muy fuerte en Acapulco y el río se desbordó y él solo dijo: Murió mi mamá, ¿verdad? Contesté: Sí.

Volvió a preguntar: ¿Y los demás cómo están? Y yo no me atrevía de decirle y él me dijo: ¡Ya, dime lo que está pasando! Le dije, con voz quebrada: Murieron todos. Oí cómo contuvo la respiración y con voz entrecortada contestó: Ya me voy para el aeropuerto.

Durante la mañana de ese 10 de octubre estuve en contacto con Alfredo y le preguntaba cómo estaba él y como veía a mamá Licha, porque yo no había hablado aun con ella, me decía que estaba aparentemente tranquila y que ahí estaban esperándonos. En el fondo de sus palabras se oía: "Apresúrense no me dejen solo".

Mi casa estaba llena de amigos, vecinos tantos que no los nombro por no omitir a ninguno y la familia de Andrés, que llegó muy temprano a darme el pésame, me demostraban su amor y su afecto con palabras de aliento; yo escuchaba callada, ausente, yo solo buscaba distraerme con la bebé y con las labores de la casa; solo contestaba: Gracias; lo único que quería era que lle- gara Pepe para salir a Acapulco.

José y su amigo llegaron a las 5 de la tarde a mi casa y cuando entraron, en silencio mi hermano y yo nos abrazamos. Lloramos, ninguno dijo nada. ¡Qué podíamos decirnos que mitigara nuestro dolor! La familia que estaba en mi casa solo enmudeció. En ese silencio solo se oía nuestro llanto, acompañado de dolor por haber perdido a once familiares; así de golpe, en un solo día y en un solo evento.

Mi hermano, ya compuesto, me entregó la carta que mi madre le puso en la maleta y cuya existencia yo sabía. Se sentó. Yo la leí y en silencio se la regresé. Mi mamá había hecho bien en decirle que debía despedirse de mi padre porque no sabemos qué puede pasar al día siguiente, ella tuvo razón; ya no estaban con nosotros.

Al poco rato tomamos carretera. Fue el viaje más largo que he hecho a Acapulco. Iba a enfrentar la perdida más grande de mi vida. En la camioneta reinaban largos silencios seguidos por comentarios cortos. ¿De qué podíamos platicar?, ¿qué podíamos decir? Cada uno iba inmerso en sus pensamientos.

Llegamos a Acapulco como a las 10:30 de la noche, fue difícil llegar a la funeraria por las condiciones en la que estaban las calles, cuando por fin llegamos, Andrés nos dijo: Bájense y yo voy a estacionarme.

Recuerdo que tomé aire y me bajé. Tomé de la mano a mi hermano, y así, juntos empezamos a caminar hacia la entrada de la funeraria. Había mucha gente. Alguien nos reconoció y se nos acercaron a darnos el pésame. Recuerdo sus muestras de afecto, sus miradas de dolor, sus condolencias, su tristeza, pero no me acuerdo qué me decían. Yo solo quería que todo eso fuera un sueño.

Ahí estaba Alfredo y al verlo solo lo abracé y no dije nada. Después fui a ver a mamá Licha, mi abuela, ella estaba al igual que nosotros devastada. La funeraria estaba llena de familia, amigos entrañables de mis papás, amigos de mis hermanas, los esposos de ellas y sus familias.

En el velorios de mi mamá, mi hermana Selene y mi sobrino mayor, José Antonio, hubo mucha gente.

Regresé a sentarme donde estaba Alfredo y comenzamos a platicar. Al igual que nosotros estaba muy afectado. A él le tocó la dura tarea de ir a buscarlos a casa

de los amigos cercanos, a los hospitales y al lugar donde llevaron los cuerpos de los fallecidos que se encontraban en la calles. Le tocó caminar entre las filas de cadá- veres y reconocerlos. Me habló de cómo se le erizo la piel y cómo su corazón casi se para cuando vio a mi mamá y al lado de ella a Selene y a José Antonio. Me decía, a mi mamá la encontraron sobre una banqueta en la costera, casi a 3 km de distancia de la casa, a un lado del río, a Selene tres cuadras más adelante y a José Antonio dos cuadras después. Agregó:

Cuando los encontré en la morgue estaban los tres juntos, como si el que los colocó ahí supiera que eran familia.

Al día siguiente, y antes del sepelio, decidí ir a la calle Zimapán donde estaba la casa de mis padres para tratar de entender qué había pasado. El trayecto no fue fácil porque había muchas rocas enormes, coches encima de las rocas o aplastados, montañas de lodo, árboles y muchas casas destruidas en su totalidad o partidas por la mitad o inundadas todavía de agua y lodo; ropa, muebles y otros enseres esparcidos por las calles, gente limpiando sus casas o lo que quedaba de ellas y muchas calles destrozadas.

Al llegar a la casa (estaba construida en desnivel porque el terreno era irregular) y después de recorrer a pie todo el trayecto desde la avenida y con mi corazón partido en pedazos, abrí la puerta de la calle, todavía había unos costales de arena regados por el patio, que mi papá puso para contener el agua, los cuales no pudieron detener a la naturaleza. Tomé aire, bajé las escaleras que daban acceso a la sala; al entrar, mi mente no alcanzaba a entender nada, la casa estaba entera y

en silencio; la marca que dejó el agua al inundarla llegaba en algunas partes hasta casi 2 metros de altura, en los baños de los cuartos llegaba a 70 centímetros, la recorrí toda, cuarto por cuarto y mi alma se partía; los recuerdos se agolpaban en mi mente y cada cosa que encontraba a mi paso era testigo de su presencia. No lloraba. Solo en silencio pensaba en ellos, en esas horas, sus últimas, de angustia y terror que vivieron.

Al salir al patio trasero y así, como me habían dicho, solo la barda que daba al arroyo estaba derrumbada y el cauce llevaba poca agua que corría tranquila; así como yo lo recordaba.

Salí de la casa y después de saludar a varios vecinos, quienes me abrazaban con mucho amor y no decían nada, ¿qué podían decir que mitigara nuestro pesar? Además, ellos también habían perdidos a sus amigos y vecinos, y todavía les quedaba la tarea de limpiar sus casas de los escombros que dejó el huracán. Ellos también estaban dolidos.

Así, con muchos recuerdos agolpados en la cabeza y sin entender qué pasó en esas horas de angustia para todos ellos, fui a la funeraria para asistir al sepelio. Al llegar al panteón caminamos tomados de la mano mis hermanos Alfredo, Pepe y yo detrás de los féretros, así como mi mamá nos había pedido que lo hiciéramos dos años antes en el sepelio de Esaú.

Fue un momento de mucho dolor. Ya no lloraba solo oía atrás de mí el llanto desgarrador de mamá Licha y de muchas personas que nos acompañaban. Me despedí de mi madre, de mi hermana y de mi sobrino. Yo, al ser la única mujer que quedaba de mi familia, desde ese momento era el pilar de mis hermanos y de mi abuela, así que, debía ser fuerte, tal cual había visto a mi madre serlo con todos nosotros cuando mi hermano murió.

Los días siguientes fueron aún más difíciles. Oí relatos de los vecinos, de los dos costados de la casa de mis papás (la casa de mis padres era la número 10, de cómo vivieron ellos esos momentos. Recuerdo que quien vivía en la casa número 11 me contó que estaba dormido (todas las casas de ese lado de la calle estaban construidas un nivel abajo de la calle) y que de repente sintió el agua en su pecho, se levantó y el agua le daba en las pantorrillas (él media 1.90 m); corrió hacia el cuarto de su prima, la despertó, tomo al bebé de ella y comenzaron a caminar hacia la puerta de la entrada. Me relataba que cuando logró subir las escaleras para llegar a la camioneta que estaba esta-cionada, en el nivel de la calle, el agua ya le daba a la mitad del pecho, llevaba al niño cargado con los bra-zos en alto, que sentía que la corriente se lo llevaba, agregó: La velocidad con la que el agua entraba en la casa era muy rápida y la cantidad mucha. Mi prima, él bebé y yo subimos a la camioneta, se movía muy feo; creíamos que de un momento a otro el agua nos iba a arrastrar, cuando sin saber cómo ni porque el agua bajo de nivel y se fue; la camioneta dejó de moverse, esperamos un poco, nos bajamos y regresamos a los cuartos para ver lo que había pasado. No salimos a la calle para ver a los vecinos sino hasta varias horas después, terminó diciendo: Esto pasó entre 6 y 7 de la mañana y a esa hora todavía estaba muy oscuro.

El vecino de la casa 9 me contó su historia. Ellos estaban todos juntos cuando se percataron de que empezó a llover fuerte. Quisieron salir de la casa por la parte de enfrente, pero se dieron cuenta de que no podían porque el agua entraba muy rápido, cuando llegaron a cierto punto, donde la barda entre su casa y la de mis papás estaba baja la escalaron y subieron a la azotea de mis papás y ahí se resguardaron, no oyeron cuando la barda que daba al río se rompió porque llovía muy fuerte, y que en un momento comenzaron a gritarles para que salieran de la casa pero que nadie contestaba. Ellos no se dieron cuenta, tal vez para esa hora ya no estaban con vida, que el agua se los había llevado.

Y yo a pesar de oír estos relatos cada noche seguía haciéndome preguntas a las cuales no encontraba respuestas.

En esos nueve días de misas y reencuentros con fami- lia y amigos venían cada uno a contarnos sus anécdo- tas o historias vividas con alguno de ellos. Me conta- ban cómo fue que esa noche de miércoles mis papás habían acudido a su última reunión del Club de Leones, donde eran socios y lo contentos que estaban con sus tres nuevos nietos, en cada uno se oía la tristeza que les embargaba, pero también el gran amor que les tenían.

Por las mañanas, mi tío Jacob, mis hermanos, mi abuela y yo llegábamos a limpiar la casa. Acudió mucha gente en nuestra ayuda, pero en realidad no había mucho que rescatar, el agua se había llevado también a su paso casi todo. En cinco días todo lo que quedaba de mi casa paterna se redujo a tres cajas de cartón.

Seguíamos pendientes de las noticias y nos enteramos de que el huracán entró en Acapulco entre 4 y 6 de la mañana. Empezó a llover y desde las partes altas de las montañas el agua desprendía con fuerza desde las raíces árboles, rocas enormes y conforme se acer- caba a la zona rural arrastraba casas y finalmente que la iglesia que estaba a un costado del río del Cama- rón, lo tapó de tal forma que el agua se desvío por las calles con fuerza llevándose todo a su paso, para cuando llegó a la calle Zimapán, que en cierto tramo era de bajada y exactamente a la altura de la casa de mis padres comenzaba lo plano de la calle, ya solo era agua corriendo con mucha velocidad y en mucha can- tidad; entró por la parte de enfrente inundando, no solo la casa de mis papás sino las de varios vecinos, pero exactamente en mi casa, la barda trasera que daba al río no resistió la presión, reventó y se los llevó a todos y fue en ese instante que el agua que corría por la calle tomó su cauce y con ello se llevó parte de lo más preciado que tenía en mi vida.

En los días que estuvimos limpiando la casa acudieron periodistas a conocernos y pedirnos entrevistas, sentían curiosidad en conocer a las personas que habían perdido once familiares de un solo golpe; ni mis hermanos ni yo queríamos hablar de eso y los evadíamos; pero al final decidimos que daríamos una sola entrevista y la encargada fui yo; ellos no podían con eso. Sería para una esta- ción profesional y que no, nos pidieran lucrar con nues- tra familia, elegimos a Javier Solórzano y con él recorrí la casa vacía hablando de lo que pudo haber pasado y cómo es que vivía mi familia y, sobre todo, lo que más intrigaba por qué estaban todos juntos esa noche.

Después de estar en Acapulco por 15 días, con mucho dolor en el alma y con el corazón destrozado por no haber tenido respuestas a mis preguntas y sin haber encontrado ocho cuerpos para sepultarlos, partí hacia la ciudad de México.

Mis hijas, Lorena y Ana Valeria, mi bebé, me espera- ban, ya las había dejado solas muchos días.

El manual del guerrero de la luz (fragmento)
Paulo Coelho

Dice el maestro al guerrero de luz cuando lo ve depri- mido: Tú no eres lo que aparentas en momentos de tristeza. Eres mucho más que eso.

Mientras que muchos partieron (por razones

que nunca llegaremos a comprender) tú continúas aquí.

¿Por qué Dios se llevó a personas Increíbles y te dejó a ti? En este momento, millones de personas han desistido. No se quejan, no lloran, ya no hacen nada; se limitan a dejar pasar el tiempo, porque han perdido su capacidad de reacción.

Tú, en cambio, estás triste. Eso prueba que tu alma continúa con vida.

Familia Centell Vergara:
De pie: Selene†, Adriana†, Alfredo†, Marbella†,
Marbella, Celina†, José, Alfredo y Esaú "Randhy"†

CAPÍTULO 6
VIVIENDO CON DOLOR: ¿SENTIMIENTO QUE PUEDE DERRUMBARTE?

Regresé a casa con mis hijas. A los pocos días empezaron a surgir dentro de mí los sentimientos de rabia, de impotencia y por supuesto, de dolor permanente que no se iba. En mi mente estaban constantemente las preguntas: ¿Por qué todos? ¿Por qué los once? ¿Dios, por qué me arrebataste a mi familia? ¿Por qué no encontramos los otros cuerpos? ¿Dónde está mi papá, Adriana, Celina, Gaby, Luis Alberto, Diego, Miguel Ángel y Daniela? ¿Por qué las personas pueden ser tan crueles y jugar con nosotros y nuestro dolor?

Recuerdo que una persona llegó a decirme: Oí en la radio que Alfredo Centell está buscando a su familia y deberían ir a ver a la estación.

Yo le decía a mis hermanos vamos por él y ellos decían, eso no es cierto, él ya no está aquí, pero mi mente y mi corazón querían creer que sí estaba en ese lugar y terminaba llorando porque debía aceptar que efectivamente ya no estaba con vida.

Muchas veces me imaginaba que mi papá seguía vivo y que el mar lo había llevado a otra población y que solo no recordaba quién era y que un día me hablarían para que fuera por él. Eso nunca sucedió.

Durante meses me seguía atormentando con las mismas preguntas y no encontraba respuestas. Eso lo llevaba cargando en mi corazón y no porque tuviera cargos de conciencia, sino porque no podía aceptar el hecho de que no habían aparecido. Era duro resignarse a que ya no estaban, era doloroso pensar que así, de repente, de golpe, todos se habían ido de mi vida y eso me desestabilizó.

Traté de llevar mi duelo de la mejor manera sola, sin ayuda, en esas noches de dolor, de insomnio y haciéndome las mismas preguntas siempre. Venían a mi mente las historias que mis vecinos me habían contado de cómo vivieron el huracán, cómo el río se desbordó y entraba en las casas, cómo la velocidad del agua era tan rápida que en segundos inundaba todo, cómo arrastraba todo lo que a su paso encontraba y que si para un adulto era difícil moverse solo, con niños más; pero eso no disminuía la intensidad de mis preguntas ni me dejaba satisfecha, yo solo quería respuestas.

Entonces, ese dolor comenzó a tomar forma de rabia en mi mente y mi corazón y me volví contra Dios y le dije: Tú no existes porque si así fuera, no te los hubieras llevado. No existes porque me quitaste de golpe gran parte de mi vida, no te quiero dentro de mí. Yo que soy una mujer de fe decidí sacarlo de mi vida.

Se me hacía muy injusto que mi padre hubiera muerto de esa manera, él había sido un buen hombre, muy bondadoso; y yo, simplemente, no podía aceptar ese hecho y menos que no encontré su cuerpo para sepultarlo junto con mi madre.

Es difícil y muy duro aceptar que no tienes un lugar donde visitar a tus difuntos o llevar una flor o decirles a tus hijos aquí están sepultados tus abuelitos, tus tías y tus primos.

En ese primer año mis hijas tenían una mamá que se levantaba de manera automática y se arreglaba bonita, así como mi mamá me decía, las atendía, estaba con ellas, jugaba con ellas, pero era una madre ausente y sobre todo con Ana Valeria, que era una bebé de meses. Cuando le daba de comer la cargaba en mi regazo y me miraba con sus grandes ojos cafés y son- reía y yo le devolvía la sonrisa, pero la alegría no lle- gaba a mis ojos,

Mi bebé veía a una mamá que transmitía una tristeza profunda

ella percibía todo eso. Lorena, mi hija mayor, regresaba de la escuela y me contaba sus aventuras del día y yo no lograba reír con ella de sus ocurrencias. Dentro de mi duelo yo creía que las cosas las estaba haciendo bien, que ella no se daba cuenta de nada.

En el puente del 20 de noviembre, mes y medio después de la tragedia, con toda la intención de sacarme de mi depre- sión y tristeza Andrés nos llevó esos días a León, Guana- juato, una amiga estaba en esos días por allá y pensaba que al verla me reanimaría un poco y así fue, pero solo por momentos. Nosotros nos hospedamos en un hotel y de las tres noches que estuvimos ahí, una de ellas Andrés salió a comprar algo que las niñas necesitaban, eso fue lo que yo le dije, al irse las niñas ya estaban dormidas y en mi mente por primera vez se gestaba la idea de no querer vivir más, ¿para qué? La vida para mí no tenía sentido. Decidí meterme en la tina a bañar y cerca de ella había un vaso de cristal que miraba fijamente mientras en mi mente pasaban muchos pensamientos, instantes después Ana Valeria, mi bebé, empezó a llorar, eso me volvió a la realidad, olvidé que ese vaso estaba ahí y fui a verla.

Este episodio no lo supo nadie.

Llegaron las fiestas navideñas, fueron las más difíciles de toda mi vida porque no había nada que celebrar, mi tío Jacob nos invitó a visitarlo a su casa en NY con su familia; fue una convivencia de muchos periodos de silencio porque dolía mencionarlos. Regresamos de ese viaje y para mí era difícil retomar mi vida, sencillamente no sabía cómo hacerlo,

En mi mente estaban constantemente el ya no quiero vivir, no quiero sentir esto que estoy pasando.

Y con ß ellos en mi mente, recuerdo que un día que mi esposo salió con mis hijas, y yo estaba desesperada por no encontrar respuestas, tomé una botella de licor y una navaja que había comprado unos días antes y me encerré en el baño con toda la intención de quitarme la vida. Era tanto el dolor que sentía que nada lo aliviaba, que nada ni nadie podía quitar y yo ya no quería sentirlo. Mientras lloraba sin parar y con la botella en una mano y la navaja en la otra, de repente llegó a mi mente la imagen de mi madre y el consejo que siempre me daba: Recuerda que debes reconstruirte cada vez que sientas que la vida no te ofrece nada, cada vez que te caigas, tienes que levantarte y ver hacia adelante y te darás cuenta qué la vida tiene mucho que ofrecerte.

Seguí llorando y al ratito solté la navaja. Mi madre seguía a mi lado aun cuando yo no pudiera verla. Fue ella quien ese día me salvó.

Al llegar mi esposo y al ver que no le contestaba cuando me hablaba, asustado comenzó a buscarme, se percató que la puerta del baño estaba con llave y adentro no había luz, todo estaba en silencio, se imaginó lo peor; forzó la puerta y me encontró, al verlo comencé a llorar desgarradoramente, yo estaba completamente devastada y, ade- más, borracha.

Después de ese día, a Andrés le daba temor dejarme sola con las niñas, aun cuando yo le aseguraba que no volvería a hacerlo, él no podía confiar en mí. Seguí al pendiente de mis hijas, ya un poco más presente y disfrutando un poco más con ellas. Él me empezó a pedir le ayudara con su trabajo, cualquier cosa que hiciera era buena para mantenerme ocupada y cuando no estaba, la chica que nos ayudaba estaba pendiente de mí. Yo nunca más volví intentar hacer algo igual. Había decidido a empezar a reconstruirme, solo que no sabía cómo.

*Transitar por dolor duele,
y mucho, pero si no recorremos
ese camino entonces no
sabremos reconstruirnos y
no podremos levantarnos de
las adversidades.*

Marbella Centell

CAPÍTULO 7
SALIR VOLANDO.
RECONSTRUYÉNDOME A PARTIR DE LAS
ENSEÑANZAS DE MI MADRE

Año 1998. Se acercaba la fecha del primer aniversario del fallecimiento de mi familia, nuevamente debía ir Acapulco a enfrentar todo y yo no que- ría hacerlo. Esas preguntas sin respuestas me seguían atormentando, pero mis hermanos me esperaban
para la misa.

Un día antes de partir fui a acostar a Lorena que tenía cuatro años y le dije: Duérmete hija, mañana temprano iremos a Acapulco a la misa de tus abuelitos. Ella se sentó en la cama, me miró y dijo: ¿Mamá sabes qué quiero hacer? Contesté: No hija, no lo sé. Me respondió: Mamá quiero Salir volando por la ventana, ir hasta al cielo y decirle a Dios que me dé a mis abuelitos para traerlos a la tierra contigo para que ya no estés triste. Yo me quedé sin palabras por unos momentos, lo que dijo me sorprendió; la mire tranquila y dije: No puedes Salir volando por la ventana porque te caerías, por favor no lo intentes, yo estoy bien, y agregué: ¿Lo prometes? Mi hija contestó: Sí, mamá. Salí de su cuarto con los ojos llenos de lágrimas.

En ese momento me di cuenta de que había subestimado a mi hija todo el tiempo, que ella sí sabía por lo que yo pasaba, que sí sabía de mi tristeza, de mi dolor y de mis largos periodos de llanto.

Me fui a dormir sin imaginar que la vida, dos días después, daría respuesta a todas mis preguntas.

Al día siguiente salimos, yo iba con mucho temor de enfrentar nuevamente a las personas que habían sido amigos de mis padres y hermanas, pero no tenía opción; debía ir porque develarían una placa en memoria de su fallecimiento.

Al llegar, recuerdo la misa en la calle donde vivieron mis padres, había mucha gente; todos nos saludaban con tristeza. El suceso todavía dolía y mucho. Al finalizar la misa fue develada la placa donde al leer los once nombres nuevamente mi corazón y mi alma sin- tió mucho dolor, era muy duro por primera vez leer el nombre de todos ellos juntos. Esa placa permanece hasta el día de hoy en el cruce de Zimapán y El Chico como un recuerdo permanente de los vecinos de esas calles que murieron en el huracán.

Al día siguiente fui al panteón a dejar flores; al llegar del otro lado de la lápida estaba una mujer callada limpiando sus tumbas, así permanecimos solas en silencio. Después de un rato ella rompió el silencio y dijo: ¿Tú eres Marbella, la hija que vive en México? Le respondí: Sí, soy yo. Me preguntó: ¿No te acuerdas de mí? Yo era tu vecina y conocía muy bien a tus papás y hermanas. Le respondí: Discúlpame no te recuerdo. Y dijo: Sí, lo entiendo. Yo le pregunté: ¿Y cómo estás? Y ella contestó: Muy mal. Ellos son mi papá, mi mamá y mi hermana. Le dije: Lo siento mucho.

Ella con la voz entrecortada comenzó a platicarme su historia. Esa madrugada estábamos los cuatro acostados en nuestros cuartos, cuando la lluvia empezó a caer con mucha fuerza, nos reunimos en la sala; no sabíamos qué hacer, el río llevaba mucha corriente, se oían las rocas golpeando con otros objetos, nos dio miedo que el agua entrara a la casa, decidimos salir por la parte del frente, casi estábamos afuera cuando una venida muy grande de agua nos sorprendió, se llevó con ella a mi mamá, a mi hermana y la mitad de mi casa; mi papá y yo no pudimos hacer nada, desesperado mi papá, dijo: Vamos por atrás para subirnos a la azotea. Nos regresamos, de repente el río se desbordó; entró llevándose lo que pudo a su paso y a nosotros junto con la corriente, añadió: Recuerdo ir dando vueltas en el agua, que mi cuerpo golpeaba con rocas y otras cosas, sentía que me ahogaba, cuando de repente no sé cómo mi brazo se atoró con algo y quedé ahí con mi cuerpo dentro del agua, solo mi cara fuera, eso me permitió respirar, no sé cómo alguien me vio y me rescató; mi familia no se salvó. Yo todavía estoy muy mal, emocional y psicológicamente, tengo golpes internos que no sanan, tengo vitíligo. Me mostró sus brazos, añadió: Por las noches no duermo, tengo pesadillas y aún vomito sangre.

Yo no atinaba qué decir y solo la escuchaba, no encontraba palabras que pudieran mitigar su dolor y su angustia, al final me dijo: Tus papás eran muy buenas personas y tus hermanas igual, nunca olvidaré las peregrinaciones que cada diciembre tú mamá organizaba. Solo contesté: Muchas gracias, siento mucho tu pérdida y lamento reencontrarnos en estas cir cunstancias y me fui.

Yo estaba impactada con su historia, no podía pensar con claridad. Más tarde, llorando, pensaba en lo que ellos pudieron haber vivido esos momentos. La angustia de mi padre por querer salvarlos a todos, en los gritos de mi madre de tomen a los niños, mi papá sacando a mis hermanas y sus bebés de los cuartos para reunirlos en el pasillo de la casa, todas con mucho miedo y angustiadas y cada adulto llevaba un pequeño en los brazos para salir por el frente de la casa, probablemente ya casi por llegar a la azotea para resguardarse cuando la barda reventó y se los llevó a todos.

Alguien me dio un periódico porque ahí mencionaban a mi familia y leí testimonios de exvecinos de mis papás que contaban cómo el agua entró en sus casas y se las llevó, cómo un sobreviviente narraba, en una entrevista, como si se tratara de una sinfonía macabra, sobre las decenas de cuerpos sin vida de los acapulqueños, sorprendidos en mitad de la tormenta, pasaban en torbellino por la sala de mi casa irrumpida por cientos, miles, millones de metros cúbicos de agua y cientos de piedras, lodo y objetos diversos arrastra- dos desde la parte alta de Palma Sola. Hablaba de su propia tragedia y la de mi familia y de las otras dos que también murieron; otro de ellos decía: Los vi pasar por el frente de lo que fue mi casa, los vi morir aplastados por las rocas y los oía gritar en su desesperación por salvarse. Concluyó diciendo: Para mí fue la noche más triste y dolorosa.

Fue muy duro leer, un año después, esos testimonios, saber que al igual que las mías, muchas heridas de cientos de personas no sanaban, me hicieron llorar por los míos, por todos los fallecidos y por todos los sobrevivientes de Paulina.

Días después de haber escuchado a mi exvecina en el panteón y leído ese periódico que no recuerdo quién me dio, armé en mi mente la historia de mi familia y lloré hasta quedar exhausta y solo dije: Gracias, Señor por haberte llevado a todos, por no haberme dejado a ninguno, porque cualquiera de ellos que hubiese vivido estaría igual o peor que mi exvecina. ¡Gracias, Señor!

Por fin, un año después tuve la respuesta a todas mis preguntas y entendí que no hubiese sido fácil para ninguno de ellos vivir con esos terribles recuerdos; que cualquiera de ellos que hubiese quedado estaría loco por el solo hecho de saber que los otros no pudieron salvarse.

Días después de que regresé a mi casa, me di cuenta de que no podía seguir en ese estado, que mis hijas me necesitaban; que debía buscar ayuda para procesar todo lo que por mi mente y mi corazón pasaba, necesitaba enfrentar el reto de cómo reconstruirme y decidí ir a terapia para procesar todo el dolor.

Poco a poco retomé mi vida, en ese año, comencé a trabajar más tiempo con mi esposo y con la ayuda de una psicóloga comencé a sanar mi alma y los pensamientos empezaron a tomar forma; los consejos de mi madre llegaron a mi mente y supe entonces que debía volver a sus enseñanzas para reconstruirme.

Salió a flote mi fortaleza de espíritu y el carácter que ella había forjado en mí y que yo había perdido por completo.

Empecé a aceptar que mis papás, mis hermanas y sobrinos ya no estaban, que ya se habían ido, comencé a cambiar mi actitud, enfrentaba cada día, así como ella me decía: Dale tiempo al tiempo que él acomoda las cosas en su lugar y, no importa lo que pase en la vida, no importan las adversidades, ve hacia adelante y verás que las cosas serán diferentes, y que la vida te encuentre bonita siempre.

Cuando sentía que volvía a caer recordaba otro de sus consejos: "Tienes que ser feliz a pesar de los pesares y no importa lo que pase en tu vida, no importan las adversidades tú tienes que levantarte y sonreír, la vida continúa".

No era fácil mantener esa actitud por mucho tiempo, cuando aún recordaba que no había encontrado a mi papá, a mis hermanas y mis sobrinos, entonces venía a mi mente otro de sus consejos: "Siempre que salgas a la calle da tu mejor sonrisa a la gente, porque tú no sabes lo que ellas están pasando y tal vez su sufrimiento sea mayor que el tuyo".

Cuando sentía que la tristeza quería invadirme recordaba otras enseñanzas: "Que la gente no sepa lo que llevas dentro, solo tú debes saberlo, a cada persona que veas dale siempre tu mejor sonrisa".

"Cuando te caigas, levántate y sigue adelante; la vida no se para y debes continuar con ella".

Y así fue creciendo en mí nuevamente la alegría de vivir y fui integrándome con mis hijas en sus actividades de la vida diaria, en mi trabajo y cada vez que sentía que caía o quería Salir volando, volvía a recordar las palabras de mi madre y también traía a mi mente la actitud que ella tenía cuando murió mi hermano; siempre bonita, con una sonrisa en la cara y con una palabra amable para todas las personas; ella nunca olvidó de dónde venía y me aconsejó: "Mientras no olvides de dónde vienes, mientras no olvides tus orígenes ni tus raíces, las situaciones serán más fáciles para ti, recuerda que eso es lo que como persona y ser humano te constituye".

Y eso hago hasta el día de hoy. No olvido de dónde vengo, no olvido sus palabras y consejos y cuando siento que caigo; lloro para aliviar mi alma y al día siguiente me levanto y doy mi mejor cara a la vida porque aprendí que debo continuar con la vida porque no se para, que ante cualquier situación le doy tiempo al tiempo y dejo que sea él quien acomode las cosas; porque yo debo ser feliz a pesar de las adversidades y para enfrentarlas acudo a mi fortaleza de espíritu.

Pero solo un tema estaba pendiente; dónde ir a dejar una flor a mis familiares cuyos cuerpos no encontré, eso pesaba en mi corazón y no sabía cómo resolverlo, durante varios años me pregunté ¿cómo lo resuelvo? Cada aniversario no me satisfacía la idea de ir al mar a dejar las flores y un día, al quinto año de su fallecimiento, llegó a mí la respuesta, así que esa ocasión cuando fui al panteón me paré frente a las tumbas y simbólicamente sepulte a mi papá y a mi sobrina Gabriela con mi mamá; a mi hermana Adriana y a su bebé, Miguel Ángel, con su hijo José Antonio; a mis sobrinos, Luis Alberto y Diego Alfredo, con su mamá. Mis hermanas, Selene y Celina, y su bebé, Daniela, con su hijo Emmanuel, él bebe que nació muerto un año antes que ellas murieran. Y solo así pude superar mi más grande pérdida; aprendí que el dolor es un sentimiento tan fuerte que puede paralizarte, e incluso, matarte pero que si buscas dentro de tu corazón las enseñanzas de tu madre o de alguien cercano a ti y con ayuda externa no te destruye.

Me reúno constantemente con mis hermanos, Alfredo y José, y nuestras familias; nuestros festejos son largos, duran hasta altas horas de la madrugada, así como antaño, así como lo hacíamos en casa de mis padres, porque estamos conscientes de que tenemos poco tiempo para compartir.

Aprendí a vivir con mi realidad. Hoy puedo decir que soy una sobreviviente del huracán Paulina y que, aunque me quitó mucho y durante un tiempo me sumió en la más terrible depresión, mi familia vive en mi corazón y nadie puede quitarme eso. No los olvido y a veces todavía duelen, pero sigo cada día con mucho entusiasmo porque sé que a mis padres no les gustaría verme derrotada, ellos no me educaron para eso, y vivir intensamente es el mejor regalo que puedo darles.

Aprendí que las palabras Salir volando, lo que quería hacer cuando tenía problemas de jovencita, tomaron otra forma y otro contexto cuando mi hija Lorena me las dijo esa noche antes de partir a Acapulco un año después del huracán, en ese momento tomaron forma de: "Mamá quiero aliviar tu dolor y lo único que puedo hacer es volar al cielo para traerte de regreso a tus papas para que tú ya no quieras salir volando y estés aquí con nosotros"

¿Por qué lloras por mí?

Yo donde estoy te escucho, te cuido.
No me he ido, estoy más cerca de lo que
crees, estoy en cada suspiro que das,
en cada hoja que mueve el viento
y en cada cosa que tiene vida.
No me he ido, no me he despedido,
Estoy cerca, muy cerca de ti;
te estoy esperando,
aquí a la vuelta de la esquina.

Marbella Centell Vergara

Alfredo Centell C† y Marbella Vergara de Centell†
Junio 1996

Alfredo Centell
Córdova† Junio 1996

Gabriela Marroquín
Centell† Abril 1997

Diego† y Luis Alberto Lobato Centell† de 2 y 6
años, José Antonio Solano Centell† de 6 años
7 de octubre de 1997

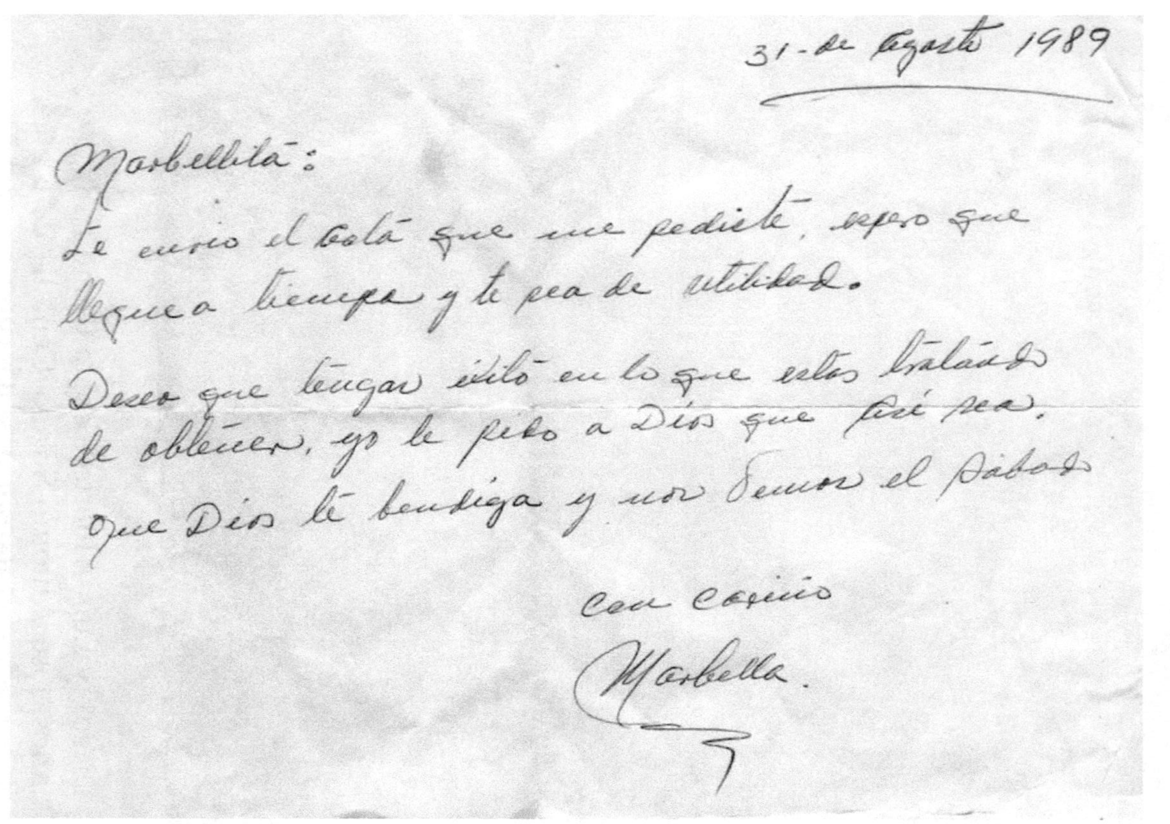

31 - de agosto 1989

Marbellita:

Te envío el esta que me pediste, espero que
llegue a tiempo y te sea de utilidad.

Deseo que tengas éxito en lo que estas tratando
de obtener, yo le pido a Dios que así sea.

Que Dios te bendiga y nos demos el sábado

con cariño

Marbella.

9 de Enero 1990. —

Marbellita:

Te mando la tarjeta de crédito para
que pagues la colegiatura, probablemente
también se pague así la de josé
te ruego que no dispongas de un cen-
tavo mas porque no tengo dinero
para pagar tu ya conoces la situación y como muchachita conciente y
responsable se que me comprenderas.

Ayer fué el cumpleaños de josé y
con todo y mis limitaciones le hicimos la comida como él quería
mamisón, espero que cuando sea tu
cumpleaños y si Dios quiere estes
con nosotros al siguiente Sábado
como quedamos también haremos
algo especial para ti.

Cuidate mucho por que yo te
necesito.

te quiere tu madre

Margarita

LUGAR DONDE *se encontraba la iglesia de la Sagrada Familia.*

DAMNIFICADOS *fueron concentrados en albergues.*

1091 Salir volando

EPÍLOGO
HURACÁN PAULINA

Este fenómeno meteorológico se presentó del 6 al 10 de octubre de 1997. Afectó las costas de los estados de Chiapas, Oaxaca y Guerrero. Se convirtió en huracán categoría 4 (extremadamente peligroso) dentro de la escala Saffir-Simpson, con vientos mayores a los 210 k/h y rachas de 240 k/h.

En Acapulco produjo una precipitación de lluvia mayor de 400 mm durante 5 horas, causando importantes escurrimientos que ocasionaron derrumbes, inundaciones y la muerte de más de 120 personas y muchos desaparecidos.

Los daños estimados fueron cercanos a los 300 millones de pesos.

Boletín del Instituto de Geografía N° 37, 1998

Breve historia de "Paulina"

En lo que se refiere a la lluvia, "Pauline" propició una precipitación extraordinaria de 411.2 mm en 24 horas, que comparada con la máxima histórica de 384 mm el 16 de junio de 1974 en Acapulco, Guerrero constituye un nuevo récord.

El huracán 'Pauline' es el más intenso que se ha desarrollado en Guerrero, después de "Madeline" en el periodo del 29 de septiembre al 8 de octubre de 1976 que presentó vientos máximos de 232 Km/h y penetró en la región de Petacalco, Gro.

5 de octubre:

El día 5 de octubre de 1997 a las 22:00 hrs se formó la depresión tropical No. 18-E de la temporada en el pacífico, localizada a 425 km. al sur de Huatulco, Oaxaca con vientos máximos de 55 km/h y rachas de 75 km/h, presentando un desplazamiento hacia el este.

6 de octubre

En la madrugada del día 6, la depresión tropical No. 18-E se desarrolló a tormenta tropical y adquirió el nombre de "Paulina", con vientos máximos sostenidos de 75 km./h y rachas de 90 km/h a 395 km al suroestre de Tapachula, Chiapas a las 16:00 hrs, Paulina se intensificó a huracán a 335 km al suroeste de Tapachula Chiapas con vientos máximos sostenidos de 120 km./h y rachas de 150 km/h.

7 de octubre

En las primeras horas del día 7, el huracán mantenía una trayectoria hacia el Nor-noroeste, localizándose a 275 km. al suroeste de Aquiles Serdán, Chis. con vientos máximos sostenidos de 215 km/h y rachas de 240 km/h, por lo que en ese momento alcanzó la categoría 4 en la escala de intensidad Saffir-Simpson. Por la tarde "Pauline" empezó a disminuir la intensidad de sus vientos, debilitándose a categoría 3, con vientos máximos de 185 km/h.

Por la tarde a las 16:45, el ojo del huracán penetró tierra, entre las poblaciones de Puerto Angel y Puerto Escondido, Oaxaca como huracán de categoría 3, con vientos máximos de 185 km/h y rachas de 240 km/h.

8 y 9 de Octubre

A partir de su entrada a tierra, "Pauline" mantuvo su desplazamiento sobre la costa, con una trayectoria predominante hacia el noroeste, internándose en el estado de Guerrero, por lo que a las 4:00 horas del día 9, su "ojo" se localizó a tan sólo 30 km al Nor-noroeste de Acapulco, Gro. con vientos máximos sostenidos de 165 km/h y rachas de hasta 200 km/h. Las paredes del 'ojo' del huracán golpearon fuertemente al puerto de Acapulco con lluvias intensas por efecto de la orografía. El análisis de imágenes de satélite permitió estimar temperaturas de hasta -90°C que provocaron el desarrollo de nubes de tormenta con topes superiores a 15 km. Al avanzar sobre la zona montañosa de Michoacán, el huracán "Pauline" empezó a debilitarse, por lo que a las 19:00 hrs se convirtió en tormenta tropical, localizado en tierra a 73 km al nornoroeste de Lázaro Cárdenas, Mich. con vientos máximos de 110 km/h y rachas de 135 km/h.

10 de octubre

La tormenta tropical "Pauline" siguió su desplazamiento sobre tierra debilitándose cada vez más y en la madrugada del día 10, se degradó a depresión tropical, aproximadamente a 30 km al suroeste de Uruapan, Mich. con vientos máximos de 55 km/h y rachas de 75 km/h. Se disipó más tarde, a 30 km al sur-suroeste de Guadalajara Jalisco.